Propuestas para
el desarrollo espiritual

Propuestas para el desarrollo espiritual

Cómo entender el camino interior

Kalama Sadak

BODHI

EL LIBRO MUERE CUANDO LO FOTOCOPIAN

COORDINACIÓN EDITORIAL: Matilde Schoenfeld
PORTADA: Víctor M. Santos Gally
DIAGRAMACIÓN: Ediámac

© 2007 Jorge García Montaño
© 2011 Editorial Pax México, Librería Carlos Cesarman, S.A.
    Av. Cuauhtémoc 1430
    Col. Santa Cruz Atoyac
    México, D.F. 03310
    Tel. 5605 7677
    Fax 5605 7600
    editorialpax@editorialpax.com
    www.editorialpax.com

Primera edición en esta editorial
ISBN 978-607-7223-28-8
Reservados todos los derechos
Impreso en México / *Printed in Mexico*

Dedicado a mis dos soles,
con todo y sus tormentas:
Esteban y Julián.

No hay peor fuego que la codicia,
peor apretón que el odio,
peor red que la ilusión,
peor torrente que el deseo.

El Buda, en el *Dhammapada*

Los problemas surgen cuando subordinamos el momento
a algo más, a nuestros pensamientos egocéntricos:
ya no es este momento, sino lo que yo deseo.
Traemos al momento nuestras prioridades personales
durante todo el día, y es así como surgen las dificultades.

Charlotte Joko Beck,
Monja del Centro Zen
de San Diego, California, e.u.a.

ÍNDICE

INTRODUCCIÓN

Después de muchos años de comprar, leer y practicar lo que plantea la literatura de psicología del *marketing*, llamada coloquialmente de *superación personal*, o de *autoayuda*, he decido, sin mucha duda, analizar los temas centrales y los puntos más relevantes en los contenidos de este tipo de textos, todos ellos enfilados a darnos las claves para el logro de la felicidad y el éxito. La época de oro de los libros que exaltan al yo se inició con la década de los noventa. Las librerías se vieron en la necesidad de dedicar cada vez más espacio a los textos dirigidos a las personas interesadas en salir de sus dificultades, ser mejores y superarse a sí mismos, con base en sus propios y particulares esfuerzos y entendimientos.

Desde entonces, hemos conocido métodos y técnicas que se ponen de moda, libros que venden miles de ejemplares pero que se olvidan al año siguiente. Aparecen y desparecen como una mercancía fútil e intrascendente. No suelen fundamentarse en estudios serios y profesionales y casi siempre carecen de bibliografía o de alguna nota a pie de página.

Los libros de superación personal tienen la común característica de estar hechos para un mercado con un alto índice de consumo y caducidad. Ofreciendo la posibilidad de lograr una situación óptima en la vida, explotan, sin misericordia alguna, el optimismo. Se enfocan en hacernos creer que podemos ser una persona distinta de la que somos. Plantean que si adoptamos otras palabras, otras mentes, otras percepciones y otras conductas llegaremos a tener placer, triunfo, fama y riqueza, a pesar y en contra de los demás, a pesar de nuestra genética, de nuestra educación familiar y grupal y de los resultados de nuestras conductas pasadas. Todo el esfuerzo de la literatura de la superación personal tiene el objetivo de hacernos creer que, si ponemos nuestro ego y nuestro yo encima de los demás, tenemos la garantía plena de satisfacer nuestras necesidades y deseos, por más locos, disparatados y absurdos que sean.

Así que, cada vez que voy a una librería observo que el mueble que contiene los libros de superación personal o de autoayuda crece y crece, exactamente en proporción directa en que aumentan el estrés, la angustia, los miedos, las frustraciones, las enfermedades psicosomáticas, la soledad y, en general, el sufrimiento. En honor a la verdad debo decir también que no dudo que los libros de superación personal nos hayan ayudado a muchas personas en superar los pesares y las dificultades que vivimos.

Además se puede afirmar que, gracias a este tipo de literatura, la misma psicología seria, profesional y formal, ha tenido que reconocer que desde hace tiempo, quizá desde Sigmund Freud (en el siglo XVIII), se había dedicado exclusivamente a estudiar y hacer clínica bajo la perspectiva de la "enfermedad" mental, de las emociones y estados negativos. Últimamente se ha corregido esta situación y ha nacido una corriente más fresca y esperanzadora para el tratamiento de la psique humana: la psicología positiva. Ésta procura reeducar a los pacientes por medio de cultivar un optimismo aprendido, que se centra en la fortaleza y las virtudes que toda persona posee, sosteniendo que la paz y la felicidad son producto del esfuerzo y el crecimiento de la conciencia al identificarnos con lo mejor de nosotros mismos. Esta práctica nos hace ser más fuertes y mejores.

Se trata de una literatura especializada en identificar muy bien las preocupaciones y los problemas de las sociedades modernas, urbanas y atestadas; es muy perspicaz para manejar los desacomodos que se presentan cuando los individuos se enfrentan a los cambios en las familias, a los mercados laborales muy competitivos, a la calidad de nuestras relaciones privadas y públicas y, básicamente, a todos los obstáculos que nos impiden ser mejores, tener éxito y ser felices.

Casi toda la literatura de superación personal es una joya de cristal falso y muy mal hecho: brilla mucho pero no vale nada. Este juicio tiene una base sencilla: aunque estos textos aciertan casi siempre al identificar los problemas de las personas, modernas y urbanas, tanto en los desajustes de la mente como del corazón, sus propuestas para superarlos son totalmente erróneas e ineficientes, no asertivas. Es natural que muchos lectores ansiosos de superar sus problemas personales lleven a la práctica aquellas técnicas de superación; pero al final, sólo producen mayor confusión y sufrimiento. Nada garantiza que identificar los problemas traiga automáticamente las soluciones correctas.

Cientos y miles de personas depositamos diariamente nuestra fe y esperanza en una u otra técnica de superación personal; una serie de prácticas que nos son recomendadas con amplia certeza y la seguridad de que, ahora sí, por fin, son las más adecuadas para resolver nuestros problemas personales, del trabajo, con la familia, con nuestros padres, con todo aquello que consideramos un problema. Lo malo es que esas "definitivas soluciones" son casi siempre recomendaciones simplonas y hasta risueñas, surgidas en charlas de cocina, o en un bar. La literatura de la superación personal tiende aumentar nuestra carga de ilusiones. Creemos que hemos encontrado el método adecuado para sobresalir de la masa anónima –condición indispensable, según la mayoría de estos autores, para ser ricos y felices. Por cierto, como nota aparte, muchos de estos escritores se han hecho ricos diciéndonos a nosotros cómo enriquecernos, pero no estoy nada seguro de si también han sido o son felices. Lo dudo. El caso más representativo es el de Robert T. Kiyosaki, quien escribió *Guía del padre rico* y otros libros en la misma tónica, que han sido su mina de oro personal.

Hay también otros autores más serios y consistentes que de alguna manera incursionan en los diversos temas de la literatura profesional y que no caen en la falsedad de las hipótesis, en el optimismo extremo o el individualismo egocéntrico. Entre ellos destaca Daniel Goleman, quien escribió *La inteligencia emocional*, mundialmente conocido. Otros, más literatos que científicos, se auxilian de lo que podemos llamar literatura fantástica con pizcas de ciencia-ficción, como Paulo Poleo y Sergio Bambarén.

Algunos más enfocan sus temas a través de lo que podríamos llamar el roce con filosofías superiores como el cristianismo y el budismo. Entre estos muchos autores podemos señalar a cuatro: Eckhart Tolle, Richard Carlson, Robin S. Sharma y Guy Finley. Cuentan con un amplio bagaje intelectual y constantemente recurren en sus textos a herramientas y metodologías que provienen de siglos y siglos de reflexión y práctica. Por último, también están aquellos que podemos considerar pensadores destacados del budismo –al que en este libro se recurre con frecuencia para hilar y tejer con firmeza y claridad los diversos conceptos, ideas y pensamientos. Entre estos autores están Pema Chodron y Matthieu Ricard.

Para hacer una revisión de las ideas básicas que se desarrollan en la literatura de superación personal, tuve que seleccionar algunos autores entre los que me parecieron más representativos. No dudo que existan otros, quizá con mayor autoridad y fama, pero mi objetivo fue hacer una especie de recuento de lo que he obtenido en más de veinte años de comprar y leer este tipo de textos.

El presente libro se divide en cinco capítulos cuyo hilo conductor es el modo terapéutico en que la literatura de la superación personal enfrenta los problemas más comunes. En el primero se plantean algunas reflexiones sobre las relaciones en una sociedad que privilegia y destaca la individualidad como logro máximo y objetivo; y cómo la literatura de la superación personal es un efecto de esta percepción de las cosas. Tendremos que demostrar que esa individualidad es un concepto inventado por la historia moderna, básicamente por el mercado.

El objetivo del capítulo 2 es una crítica al ideal del individualismo; destacamos cómo la mayoría de las ideas, pensamientos y creencias que se exponen en los libros de superación personal reproducen los engaños de las propuestas que hace el statu quo con el fin de amarrar a las personas, con dos o tres principios que dan viabilidad a la cosificación de nuestras relaciones sociales. Definimos cosificar como la mecánica de convertir en "cosas" las relaciones, sentimientos y emociones que son subjetivos, es decir, que son parte esencial de las personas y no de las cosas con las que se identifican.

Con base en la cosificación de nuestras relaciones humanas, las doctrinas de la superación personal nos quieren hacer creer que, si nos dedicamos a cultivar al "yo", es decir, si elevamos la estima de nosotros mismos haciendo del ego nuestro principal consejero de mesa y de cama, podremos lograr que el universo que nos rodea cumpla nuestros deseos. Pienso que este tipo de propuestas, por no decir ideologías, lo único que causan es un malestar profundo en aquellos que las ponemos en práctica. Creer que haciendo de uno el centro del medio social y económico en que se vive se puede lograr una cierta garantía de estabilidad y un pedazo de felicidad, a los que todos aspiramos legítimamente, es reproducir las causas y condiciones que dan como resultado la infelicidad. Estamos aquí hablando de la infelicidad que provoca el sentirse separado de los elementos que nos rodean, y el tener la manía de estar huyendo siempre de los escenarios que son evidentemente provocadores de sufrimiento. Estos serán los temas del capítulo 3.

De hecho, los estados prolongados de soledad, ansiedad y estrés se generan porque la separación personal de los demás nos hace sentir que somos diferentes. Las drogas, el alcoholismo y demás vicios, hoy en día tan masivos e incontrolables, son los hijos predilectos de la infelicidad y del sufrimiento. De cierta manera, la literatura de la superación personal tiene una razón muy consistente: el único modo de estar en paz y ser feliz es estar convencido de que esas condiciones existen y uno mismo puede alcanzarlas. La autodisciplina es la clave en todo este asunto.

El capítulo 4 desarrolla el tema de una verdadera felicidad. ¿Existe o es un invento más de nuestra sociedad moderna, tremendamente mercantilizada y competitiva? El logro de la felicidad, en todo caso, debería significar que debemos hacernos plenamente responsables de los efectos que producen las acciones que realizamos, hacia nosotros mismos y con los demás, por medio de la mente, la palabra y el cuerpo. La paz interna es la manifestación ecuánime de la felicidad.

En el último capítulo, se presenta una serie de reflexiones sobre qué hacer con lo que ahora más o menos sabemos. ¿Cómo podemos salir del ámbito dominante del ensimismamiento? La clave es el desarrollo espiritual, no comprendido como una superación personal sino más bien como la supresión del yo y la comprensión cabal de que somos transitorios, quizá sólo un soplo de Dios.

Por ahora, una de las mejores maneras de romper la obsesión enfermiza de estar pensando sólo en uno mismo es el desarrollo espiritual, que se contrapone en sus propuestas elementales a los contenidos de la mayoría de los libros de superación personal. En otras palabras, sólo abandonando nuestros intereses egoístas y egocéntricos, podremos hacer realidad tangible y concreta la lista de buenos deseos que nos propone la superación personal como estrategia de vida, en una sociedad que se caracteriza por su radical individualismo, que se trasnocha en la ignorancia y en la ilusión y que produce los estados de estrés y sufrimiento tan comunes hoy en día.

Al principio del último capítulo se presenta un pequeño resumen que usted, lector, puede revisar desde ahora para que tener una idea del desenlace de la obra. Ésta es una buena idea antes de entrar al libro.

Agregamos dos apartados. Uno reproduce los pasajes que nos parecieron más representativos de las creencias planteadas en la literatura de superación personal y los comentarios más críticos y sobrios que hemos encontrado en los libros consultados para elaborar este trabajo. Finalmente encontrará una bibliografía para que usted conozca los autores a los que recurrimos y, si termina con más preguntas que respuestas por la lectura de este libro (como probablemente ocurrirá), podrá acudir a ellos, como herramientas con los que se construye toda existencia que se propone mejorarse, ahora que se nos ha prestado.

Por último, como es costumbre en estos casos, aclaro que todo lo que se diga en las siguientes páginas es mi entera responsabilidad. Los hechos que a veces narro son ejemplos, experiencias personales y de muchos amigas y amigos que me han acompañado durante diferentes etapas de mi vida. Quede constancia de que todo lo aquí dicho respecto a la literatura de superación personal y de la autoayuda es estrictamente de mi conciencia. Todo autor y editor queda liberado de mis juicios, errores y desaciertos.

Finalmente, para aquellos lectores, grupos, centros o instituciones interesados en organizar conferencias, talleres y cursos por parte del autor, por favor consulten el recuadro al final del libro o directamente en la página web www.kalamas.org.mx.

LA SUPERACIÓN PERSONAL
Y EL INDIVIDUALISMO

La literatura de la superación personal

Todo ser humano que vive dentro de un sistema moderno colmado de tecnologías e inmerso en una compleja red de mercados laborales y de consumo, con una fuerte tendencia al desplazamiento corporal y familiar, con un ritmo cada vez más veloz, tiene que refugiarse en algo para no sucumbir a las brutalidades de la modernidad. Ese algo se llama ego o, lo que es lo mismo, la creencia de que somos únicos y de que todo lo existente en nuestros universos debe organizarse y estar a modo con nuestras necesidades y deseos, de cualquier naturaleza, en cualquier tiempo y espacio.

El refugio en el ego responde en forma directa a la masificación, que es una manera de nombrar al estado dominante del anonimato y a la pulverización de nuestras relaciones humanas, principalmente las de tres áreas que son centrales en nuestras vidas: familiares, de amistad y de amores.

Todas las personas, usted y yo, procuramos tener una narración que le da sentido a nuestra identidad. Ésta se construye en varias partes, entre ellas, el nombre personal, la ubicación de una residencia, una nacionalidad y un carácter que nos vincula con una geografía determinada, redes familiares. En conjunto, las partes de una identidad son una prueba objetiva de que existimos como seres sociales, que podemos tener un pasado identificable y un futuro más o menos planeado.

De hecho, de las partes de nuestra identidad a las que más nos apegamos nacen los diversos personajes que representamos frente a nosotros mismos y los demás. Si nos interesa exageradamente nuestro trabajo, entonces seremos médicos, maestros, cocineros, antes que cualquier otra cosa.

Pero si somos personas obsesivamente apegadas a la familia, seremos padres, hermanos o hijos, antes que cualquier otra cosa. En general podemos decir que somos lo que somos por los personajes a los que les invertimos más tiempo, energía y economía. Muchos de esos personajes son obvios y manifiestos, pero otros son menos claros y viven más bien en la clandestinidad. El ego, el sujeto que se identifica con un yo armado precisamente de partes de la identidad, tiende a sostenerse y crecer en la media en que se consumen las energías de los personajes, favoreciendo más a los manifiestos que a los soterrados. El ego se alimenta básicamente de la atención de los demás, es decir, de la energía, tiempo y espacio de otros.

Cuando logramos como personas tener éxito, fama, riqueza o alabanzas, el ego se inflama por la sencilla razón de que la persona atrae sobre sí misma el tiempo y espacio de aquellos que lo consideran el centro de atención. Por eso se dice que el ego consume más energía cuanta más atención logra captar. Pero cuando desparece esa atención, ya sea por experiencias de fracaso, anonimato, pobreza o críticas, entonces el ego empequeñece y se convierte en sujeto de martirio.

Por tanto, todo lo que ocurre en el ego aparece como una interrelación con el medio ambiente social, familiar, gremial o de cualquier otra índole (político, patrimonial, entre otros). Nada ocurre como un proceso aislado. Pero cuanto más cree el ego que su tamaño es producto de sí mismo, de sus esfuerzos y artimañas, más tiende a negar las interacciones que son causa de su existencia. Cuanto más creamos que el ego es autónomo e independiente de los demás, más se tiende a juzgar negativamente a los demás, y más se separa la persona del mundo real y concreto que le da sustento y viabilidad. La fragmentación, o parcialidad, de percepciones y opiniones es producto de un ego activado en la creencia de que su existencia es central en su medio social.

Estos considerandos que favorecen al ego componen el contenido de la literatura de superación personal. Se trata de tácticas, técnicas, métodos y estrategias para que el ego logre los cuatro elementos que son considerados por el sistema cultural dominante como factores de triunfo en la existencia: éxito, fama, riqueza y alabanza. También contiene ideas para conservarlos o para resolver cuanto antes su carencia, para salir del fracaso, el anonimato, la pobreza o la crítica.

Así nos explicamos cientos de títulos cuyos temas y contenidos siguen el principio de cómo hacer que el ego sea más grande y evitar su disminución: *El arte de hacer dinero; Hacer menos, conseguir más; Padre rico, padre pobre; ¿Quién se ha llevado mi queso?; Si no está roto, rómpalo; Los siete hábitos de la gente altamente efectiva, Piense positivamente y tendrá éxito, El secreto.*

Como lo expresa Paul Pearsall, los libros de superación personal ofrecen recetas para que sus lectores logren una buena vida, pues se supone que ahora no la tienen. Para ello, se manejan monótonamente seis temas: 1) elevar la autoestima (cosa que nos encanta a todos); 2) tener más esperanzas; 3) convencer de que dentro de cada persona están todas las soluciones; 4) mostrar diversas técnicas para liberar las emociones reprimidas y explorar los recuerdos escondidos; 5) redimirse de la culpa y el pecado y; 6) crear modelos de gratificación psicológica y socioeconómica.

La literatura de superación personal, también llamada de autoayuda, no es algo reciente en nuestras sociedades. El primer libro que se tiene registrado es uno precisamente llamado *Self-Help*, que se puede traducir como "Ayúdese a sí mismo", escrito por Samuel Smiles en 1959. Desde entonces se expuso la tesis central: "El cielo ayuda a quienes se ayudan a sí mismos".[1] El discurso de *Self-Help* es esencialmente que la esperanza en uno mismo genera poder para el éxito, pues con ello se garantiza la aparición de los milagros, que son una bendición para salir de las crisis, los fracasos y las frustraciones. Lo que hoy se hace llamar el pensamiento positivo, y un incremento fantástico de la autoestima (del atenderse cada vez más a uno mismo, y dejar a los demás de lado) constituyen las dos columnas que sostienen a todo este tipo de literatura.

Bajo el discurso de la autoayuda está la idea de que el individuo es capaz por sí mismo de cambiar las condiciones y las causas que lo determinan para estar de una u otra manera en una situación determinada, y deseada. El ciudadano omnipotente, pero solitario, se convierte en el ámbito universal realmente existente e importante. La vida social sólo

---

[1] Paul Pearsall, *El último libro de autoayuda que necesitará*, p. 19.

existe en la medida en que responde a las ideas de una superación personal, única y autónoma.

Como Rousseau establecía hace años, el individualismo tiende a unificar lo social con la existencia de lo natural en la persona; sólo así ésta se valoriza a sí misma, y hace creer a toda la sociedad que es natural convertirse en el centro de las atenciones y de las consideraciones de los demás. El ciudadano se convierte en rey de sí mismo, y el ego se sienta en la silla monárquica. Lo malo, como veremos a través de este libro, es que existen muchos otros que creen tener los mismos derechos (o más) y, por ende, se convierten en enemigos del rey, del ego de los demás.

El ego, y esto habría que tenerlo muy en cuenta durante la lectura del libro, no es más que una figura mental, la proyección de un conjunto de ideas que tenemos de nosotros mismos y que se base en una serie de elementos que constituyen la identidad que nos damos y que exponemos en sociedad.

En México se producen unas artesanías que tienen fama internacional: los alebrijes. Son figuras hechas casi siempre de madera o de papel maché, que combinan de modo extraño y fascinante partes de mamíferos, reptiles y animales míticos. Hay lagartijas con partes del cuerpo de un dragón o perros con alas y espinas y así por el estilo. Los alebrijes son, en la realidad objetiva, inexistentes pero son reales como expresiones mentales de los artistas que los elaboran. Su realidad está en función del poder que les da la expresión creativa de las mentes que los construyen. Exactamente así es el ego: es una figura que no existe objetivamente.

Si usted busca al ego en su vida —es decir, esa conciencia que le dice que usted es lo más importante y que sus asuntos son más serios y preocupantes que los de los demás, ya sea por dentro o por fuera de su cuerpo–, le aseguro que no lo va a encontrar. Pero ese ego es real en la medida en que creemos que existe y que los demás lo aceptan: le damos a esa figura mental poder y una serie de características que lo hacen presente y dinámico.

Seguir de modo coherente los impulsos hedonistas –aquellos estados de narcisismo y de individualismo liberal que superan las normas y costumbres con el fin de sentir placer– es la fuerza que nos "justifica" para seguir todas nuestras inclinaciones. En esta perspectiva, se vuelve importante *lo que ocurre* en el momento, los eventos, hechos y circunstancias en cuyo marco el ego tiene su dinámica en el tiempo y en el espacio.

Cuando perseguimos insensatamente y de forma repetitiva y monótona los impulsos del ego, bajo las consignas de que yo soy el centro de lo que sucede, no es de extrañar que lleguen momentos de cansancio y de una frustración profunda del yo-ego, por no ver cumplidos sus deseos. Entonces reaccionamos contra el mundo, creando la famosa rueda de sufrimientos que provienen de las ilusiones del ego, de lo que se inventa en sus nostalgias (un pasado previamente "rasurado") y en sus fantasías (un futuro prácticamente imposible).

Las ilusiones del yo no son más que frágiles pensamientos habituales que se ven cuestionados cuando vivimos una crisis o un fracaso. De hecho, cuando logramos observar por primera vez que el yo y que el ego sólo son figuras ilusorias, construcciones mentales al modo de los alebrijes, rompemos con la base que da existencia a la inconsciencia.

Toda conciencia empieza limitada

Cuando nos han contado una mentira que aceptamos como verdad es muy difícil aceptar pruebas de que, aunque la hemos defendido a capa y espada, no es tal. Si yo le dijera que la felicidad y la paz sólo las encontrará en el momento en que se olvide de sus necesidades, deseos y preocupaciones, es natural que desde dentro de usted brote un grito de coraje y responda: ¡pero si toda la vida nos han dicho que la felicidad está en cuanto satisfago mis deseos! Pues sí. Es una mentira hecha verdad por la fuerza del tiempo, las costumbres y, básicamente, por los hábitos mentales a los cuales estamos muy apegados.

Cuando uno empieza a descubrir las verdades que son producto de la sabiduría y de la experiencia directa e intuitiva, emprendemos un camino doloroso pues primero hemos de aceptar que hemos sido engañados. El "yo y lo mío" son nuestra referencia, y esto hay que comprenderlo en todas las dimensiones, no en lo que somos, sino en la vida que tenemos. Son producto del desarrollo de la identidad apoyada por datos e información: edad, estado económico, familias, escolaridad y otros factores que acompañan al "yo y lo mío". Pero, si nos fijamos bien, eso que forma la identidad, de hecho, son puras circunstancias. Y, como todos lo sabemos, las circunstancias cambian de una manera cada vez más rápida, en cantidad y en calidad.

Cada vez más el hombre y la mujer del siglo XXI conviven con una multiplicidad de identidades sociales; poseen una envidiable movilidad, tanto física como virtual. La identidad de clase, que en mucho se sostenía en el pasado gracias a la permanencia en un punto determinado en la escala socioeconómica, ya es una reliquia de la historia. Para una enorme cantidad de jóvenes y adultos recientes, lo efímero y lo inmediato son los únicos puntos de referencia de la identidad posible. Desgraciadamente esos datos inestables y de corto plazo son demasiado frágiles para establecer una forma de identificación. La conciencia posible en esas circunstancias no puede más que presentar un índice elevado de empobrecimiento espiritual y ético.

¿De dónde provienen los elementos de identidad efímeros y cortoplacistas? Básicamente de dos fenómenos: por un lado, de una abrumadora cantidad de información que aparece como una masa caótica de datos, palabras y anuncios; por otro lado, de un sistema educativo y laboral cada vez más competitivo en el que caducan rápidamente los procesos de formación y capacitación. Los dos fenómenos se pueden sintetizar en una frase: no hay tiempo. Por esta razón se tiende a no creer nada, ya que en ningún tema podemos detenernos el tiempo suficiente para comprenderlo verdaderamente, particularmente en el tema de uno mismo.

Frente a la tormenta de eventos, hechos e informaciones, y las grandes dificultades que tenemos hoy para diseñar identidades seguras y estables, es natural que aparezca la urgente necesidad de controlar las circunstancias y las condiciones que nos rodean. Hoy en día el estrés y la angustia se relacionan directamente con la obsesión de controlar el tiempo, los desplazamientos, los espacios de recepción, trabajo y entrega. Queremos el control en la familia, en los centros de trabajo y hasta en la calle, porque deseamos que la fuerza de los eventos no nos arroje al vacío de la inseguridad. Deseamos plena estabilidad para el futuro, aunque nos parece imposible.

La inseguridad generalizada, el estrés convertido en un problema de salud pública y la insatisfacción por la falta de identidades estables, es la base real sobre la que florecen todas las teorías y técnicas de la literatura de superación personal. Pero, como lo han demostrado muchos autores, entre ellos Paul Pearsall, Richard Layard y Matthieu Ricard, la autoayuda sencillamente no ha ayudado.[2]

Toda la estructura de nuestra conciencia enfrentada a la volatilidad de los eventos que a diario sufrimos hace que nuestra mente deforme fácilmente el pasado, falsifique el presente y exagere todo lo relacionado con nosotros mismos. Lo que es muy importante para uno es totalmente intrascendente para otro. Por eso todos queremos poner nuestro patrimonio, nuestra conciencia e identidad, en un resguardo seguro y hasta misterioso. Por eso nos gusta consultar el horóscopo o realizar ejercicios esotéricos, tan de moda hoy en día, para asegurar nuestra economía o para que nos vaya bien en tal o cual plan de vida.

Nuestra mente se empequeñece cada vez que dedicamos tiempo y energía a retener y asegurar cierto control de las cosas que suceden. No debemos subestimar a la mente: según tengamos una percepción, la realidad aparecerá bajo las características de esa percepción. Un cambio de mi percepción de algo casi de inmediato hace que eso cambie. Nuestra conciencia limitada sólo sirve para que las mentiras consideradas verdades se consoliden como realidades que vivimos y percibimos. Las ilusiones que nos hacemos de nosotros mismos, y de los demás, se basan en que proclamamos ciertas

---

[2] Richard Layard es un economista que escribió *La felicidad, lecciones de una nueva ciencia*. Matthieu Ricard es de nacionalidad francesa, hijo de una muy distinguida familia de científicos, convertido al budismo; su libro se titula *En defensa de la felicidad*.

soluciones como mecanismos de autopromoción de nuestros deseos.

A pesar de los cientos de libros, seminarios, cursos y prácticas de superación personal, somos menos felices que antes. Hoy tenemos más barreras entre nuestra conciencia y los demás. Somos personas obsesivas en cuanto al control y la comparación competitiva con los otros. Tenemos vidas cada vez más complicadas que requieren más tiempo de trabajo, tratamiento y atención profesional –doctores y terapeutas, entre otros–; dedicamos mucho tiempo al dominio de las circunstancias y a imponer nuestros hábitos y creencias a las personas que nos rodean. La gente, los demás, empiezan a ser nuestro principal problema porque nuestra conciencia limitada y empobrecida se encuentra sobrecargada de yo, en un ensimismamiento enfermizo o neurótico por adaptar la realidad a nuestros propios deseos.

Un mundo descontento

Puede decirse que en el mundo del siglo XXI hay una epidemia de descontento crónico, como lo señala acertadamente Paul Pearsall.[3] En general las personas adultas, pero también los adolescentes, sufren de un decaimiento profundo y de largo plazo; las acciones violentas sin sentido, la falta de alegría sincera, el estrés en los estudios y en los trabajos, hacen que perdamos la capacidad de asombrarnos con las cosas de la vida. Nuestro mundo se identifica mucho mejor con el descontento que con la alegría. Es un mundo enfermo de materialismo, de consumo y de competitividad.

---

[3] Vea *El último libro de autoayuda que necesitará*.

Las sociedades urbanizadas son el asiento de un tremendo desorden para la vida en general que tiene distintas consecuencias en el día a día de las familias, en los ambientes públicos, como las escuelas (ahora se da un fenómeno llamado *bullying*, o agresión física y emocional entre los mismos alumnos; se estima que alrededor del 30 por ciento de alumnos de primaria en México sufren sus consecuencias).

La incertidumbre posmoderna tiene mucho que ver con el descontento. A nadie le gustan las malas sorpresas que nos depara la vida, ya sea en su evolución natural o en sus dimensiones culturales. A pesar de los enormes esfuerzos que hacen gobiernos y sociedades para ofrecer un cierto grado de seguridad, parece que las fuerzas de la naturaleza, de la ciencia y de la economía terminan por imponer sus principios de desorden, inseguridad y fluctuación. Todos en algún momento tenemos que asumir la pérdida de un ser amado, sufrir una enfermedad, un accidente, envejecer y morir. Ésta es la ley del mundo que nos tocó vivir. Son golpes directos a nuestros munditos de estabilidad y seguridad.

Muy probablemente existan ciertas tendencias socioeconómicas que no nos están haciendo nada bien. Sólo hay que pensar en la creciente tendencia consumista que nos hace esforzarnos al máximo para conseguir cosas y más cosas, para llenar nuestras casas y roperos de mercancías. Pero también invertimos demasiados recursos de tiempo, esfuerzo y dinero en "cerciorar" un futuro. Esta enorme inversión anula el disfrute pacífico del presente. Los bancos, las aseguradoras y muchas otras empresas nos empujar a considerar el futuro como algo más importante que el ahora; evidentemente, los más beneficiados son precisamente ellos. El exagerado impulso de planificar el futuro hace que, cuando éste llega, persigamos otro.

Debido a esta necesidad de dominar los altos grados de desorden e incertidumbre que vivimos, que son causa del descontento, nuestra época se caracteriza por un alto grado de agresión y violencia. Los impulsos de intimidación y adquisición de cosas por vía ilegales tienen en común una estructura mental determinada: cuando algunas personas sienten que otras se oponen a sus deseos, la ven como un enemigo a vencer y con hostilidad. No buscan otras explicaciones ni procuran comprender las causas y los efectos. En el desorden de nuestras relaciones humanas sólo caben las respuestas agresivas y de conflicto, perdiéndose totalmente la posibilidad de resolverlas de modo pacífico.

Un ejemplo grave son los procesos de migración masiva, como la que sucede de México y Centroamérica a Estados Unidos, o de los países africanos a Europa. Ningún país está preparado para recibir esas cantidades de migrantes. Para los países receptores la migración multiplica el desorden. Quizá, en algunas ocasiones, se acepta en parte, en función de los requerimientos laborales. Pero se ofrece muy poca hospitalidad y seguridad a los millones de migrantes que están sufriendo la agresión de las poblaciones nativas. Una acción de agresión es todo lo contrario a una acción de hospitalidad.

El descontento y el descontrol sólo inyectan más violencia y hostilidad a las relaciones humanas, tal y como lo viene diciendo desde hace mucho tiempo el filósofo español Fernando Savater.

Hay también otros factores que aumentan el desorden social. Uno de ellos está, sin lugar a dudas, en los enormes cambios demográficos. Por un lado hay países ricos y desarrollados cuyas poblaciones van envejeciendo (el promedio de vida ronda ya los 85 años) con escasa población infantil y juvenil (algunos, como Alemania, ya tienen más muertos que recién nacidos). Por el otro lado hay países pobres y subdesarrollados cuya población tiende a crecer desmesuradamente en las edades productivas, de 18 a 35 años, creando una presión gigantesca para los mercados laborales. Buena parte de la emigración de las regiones pobres a las ricas se explica por la coincidencia histórica de estos dos fenómenos demográficos: unos países necesitan trabajadores, a otros les sobran.

Seguramente la longevidad es producto de un cierto control gubernamental sobre los factores más insidiosos de la incertidumbre, como las enfermedades y los accidentes. Las medidas de salud pública, el avance increíble en las medicinas y en las tecnologías, así como las medidas de prevención de accidentes, hacen que la vida simplemente dure más. Pero, como en todo, el relativo control del descontrol existencial hace que en esos países se sufra de nuevas maneras. Por eso se explica la floreciente industria farmacéutica de tranquilizantes y píldoras para dormir.

Las personas longevas son abandonadas en asilos y centros de atención donde son tratados mal y con desprecio. Hay que agregar las muertes causadas por el estrés (que es el caso de las enfermedades del corazón) y por la obesidad, que ya es una verdadera epidemia en muchos países, incluyendo los llamados subdesarrollados. También habría que sumar las altísimas tasas de suicidios a edades cada vez menores, los serios problemas que provienen del abuso de drogas y alcohol, las situaciones desastrosas de las familias rotas y distantes y un vandalismo generalizado. En resumidas cuentas, constatamos un incremento de la infelicidad, a pesar del crecimiento del ingreso de las personas. Campea un neurótico individualismo que se desbarata en sus ansiedades y fracasos.

Las grandes instituciones no son ajenas al desorden mundial que hoy vivimos. Queda muy poco de la familia nuclear tradicional formada por un padre que trabaja y una madre dedicada tiempo completo al hogar y a la crianza de los hijos y las hijas. Las Iglesias tradicionales, como la católica, sufren grandes fugas de fieles y sus sacerdotes son objeto de graves acusaciones de abusos sexuales infantiles o de enriquecimiento inexplicable.

Las condiciones de vida en los países desarrollados, principalmente en Estados Unidos y la Unión Europea, requieren del consumo de inmensas cantidades de materias primas, tecnologías, energía y la utilización de los espacios de la naturaleza. Es un nivel de vida que implica una clara destrucción del medio ambiente, básicamente de los países productores de materias primas. Para sustentar estos altos niveles de vida del primer mundo, el desorden y la destrucción del ambiente son un "factor de costo" de los servicios y productos.

Patrick Rivers, en su excelente libro titulado *Vivir mejor con menos*, afirma que los países del primer mundo son adictos a la energía, además de otras sustancias. Aparte del petróleo, cada vez más escaso, ahora intensifican sus programas de obtención de energía nuclear. Son incapaces de buscar otras líneas de producción de energía, como la solar, o la hidráulica.

Desde hace unos cincuenta años hemos venido aceptando que así son las cosas y que hay muy poco por hacer. Toleramos plácidamente la forma irracional de producir nuestros bienes, y sin cuestionar nada, consumimos cosas y más cosas que sólo nos llenan de deudas y enfermedades. Aunque la promesa de ese consumo sea controlar el desorden, la incertidumbre, las enfermedades o la muerte, todo resulta bastante inadecuado.

Al desorden del mundo actual se ha unido, como en una gran cruzada, lo que podemos llamar un periodo de enfriamiento de los corazones humanos. Cada vez somos mas insensibles al dolor y al sufrimiento de las personas que nos rodean, por lo cual también nos refrigeramos respecto a nuestras propias penas. Al desorden anteponemos la indiferencia. Las causas son muchas. Entre otras podemos señalar las que tienen que ver con la forma en que ahora trabajamos (cada vez más solitarios), por el uso de tecnologías concentradas en el individuo como sujeto aislado. Otras razones son el desvanecimiento paulatino, como ya lo anotamos, de las familias nucleares que se rodeaban de familias amplias y el sentimiento de desarraigo que proviene de la desintegración de las comunidades por las migraciones internacionales.[4]

Pero también, para consuelo de todos, podemos decir que el desorden observado a principios de este siglo XXI es parte de una larga fase de transición que, en parte, denota la caída de las sociedades industriales de masas (a las que acompañó un gobierno paternalista de bienestar) junto al nacimiento de sociedades de redes (a las que las acompaña un gobierno cada vez más indiferente a las demandas sociales). Si el desorden mundial no se ha convertido en caos es por la sencilla razón de que las sociedades se sostienen sobre la operación de miles y miles de redes humanas que sujetan las fuerzas del desorden y de las guerras de posesión y apego.

Las redes son organizaciones horizontales que no tienen un centro de comando o de autoridad. La más famosa de ellas es la Internet, aunque existen otras, menos tecnológicas pero igual de eficientes, como las que luchan por los dere-

---

[4] Vea *El poder de la bondad*, de Piero Ferrucci.

chos humanos o para acabar con el hambre, para cuidar de los niños y niñas desamparados o contra la violencia hacia las mujeres. Estas redes tienden a ser autosuficientes pero sumamente relacionadas entre sí, lo cual las hace bastante resistentes al desorden posmoderno y a los mercados intensivos globalizados. Su tarea, hasta hoy, es situarse en el meollo de los problemas de toda índole, lo que ha evitado un desastre de proporciones internacionales.

Existen tres tipos de redes, dice el afamado Daniel Goleman, que explican su consistencia y su función de contención del desorden. Hay redes de comunicación, como las que funcionan por Internet. Las hay de expertos, entre colegas profesionales o identificados con diferentes áreas del conocimiento y habilidades especializadas. Por último, existen las redes de confianza formadas alrededor de ideales como una religión, una cosmovisión o preceptos de una disciplina determinada.

El hecho de que estas redes contengan el desorden nos dice que la salida es crear sistemas de identidad que nos proporcionen alegría y contentamiento. La red rediseña las relaciones humanas convirtiendo el desorden en un espacio productivo que permite crear. Son un orden superior al burocrático o al estatal. La persona frustrada y decaída por el caos en sus sistemas de vida, se recompone como sujeto de atención, sostenimiento y conciencia, gracias a las redes humanas que nacen de manera paralela a las redes tecnológicas. Del desorden nace una nueva identidad.

Abandonar lo conocido

Casi toda la metodología de la superación personal se basa en el mito fantástico de que cada uno de nosotros puede controlar el desorden existencial con sólo identificar nuestros defectos y aplicar técnicas que nos garanticen salir con éxito, y hasta con riqueza, de esa intromisión ególatra que hacemos en el mundo social y económico. Todos necesitamos algunos principios para poder manejar y operar los elementos y circunstancias que determinan nuestro precario existir. Sin duda uno de los más elementales principios es que en el universo terrícola un ser vivo puede comerse a otro, aunque se trate de vegetales.

Los principios, que son guías generales para nuestros comportamientos, no son buenos ni malos; más bien funcionan como señales para establecer fronteras entre lo que deseamos y lo que podemos hacer. Casi siempre los resultados de su aplicación son bastante predecibles. La conducta de personas practicantes de una religión (por ejemplo, un musulmán, un cristiano o un budista) es bastante comprensible en la medida en que enmarcan sus motivaciones e intenciones en un riguroso código preestablecido. Es terreno bien sabido el labrado por culturas nacionales, locales y familiares.

Pero cuando se sale a los campos conocidos, un principio que se considera sagrado o legítimo en un lugar puede ser totalmente intrascendente en otro. Por ello es lógico que al alejarnos de lo que nos resulta familiar, entremos en un estado de expectación y duda. Siempre resulta doloroso abandonar lo que conocemos, pues esas formas, nombres y espacios nos ofrecen la seguridad de la identidad.

La identidad se genera con apego a los objetos y conceptos que reconocemos desde niños. Por eso en nuestras sociedades se nos enseña a consumir objetos a los cuales les hemos agregado una serie de cualidades exorbitantes. La mayoría de ellos nos proporcionan seguridad, orden, satisfacción y, en el mejor de los casos, felicidad. No nos dejan mentir la ropa, las carteras, los zapatos, las casas, autos, aparatos electrónicos, computadores, celulares. Todos son cosas que definen para cada uno un estilo de vida, siempre en comparación con otros amigos, familiares y vecinos. Cualquier ajuste significativo en los objetos que nos han dado identidad produce situaciones dramáticas. El robo de nuestras pertenencias, la pérdida del empleo o los cambios forzados de residencia requieren experimentar buen nivel de frustración. La apacible permanencia ya no es factible en un mundo de alta velocidad en la economía y las comunicaciones. Hoy por hoy todos nos movemos de un lugar a otro, buscando siempre un lugar mejor.

Aceptamos un buen porcentaje de sufrimiento por la pérdida de nuestra identidad con base en la idea de que en otro lugar vamos a estar mejor que antes: de nuevo se trata de la hipoteca del presente por el futuro. La movilidad espacial y social nos hace abandonar, a veces hasta por vigésima ocasión, lo que conocemos. En estos tiempos no moverse de un lugar a otro aparece como conservador y se relaciona con una existencia de perdedor. La movilidad en el trabajo, en la residencia, se ha convertido en una virtud. Los que se quedan son fácilmente definidos como inferiores, o población autóctona, cuyo mayor valor puede ser representar el folclor del lugar.

Como ya dijimos al hablar del descontrol, la movilidad física que hoy vivimos tiene mucho que ver con la creación de cientos de industrias que se dedican a explotar y a convencernos de que movernos es bueno y deseable. Esta persuasión tiene al mundo al borde de una crisis climática por causa del calentamiento global. La obsesión por el uso del trasporte individual, la intensiva utilización de los aviones, la inquietud de seguir avanzando en la economía del transporte, está destruyendo el medio ambiente y nuestras relaciones de cooperación y aceptación.

El consumo intensivo para recrear identidades y la movilidad estimulada por los propios gobiernos y las empresas internacionales mantienen una guerra contra todo acto de estabilidad y reposo. El consumo y la movilidad demandan un constante trabajo mental y físico, al punto que la mayoría de las personas que planean un viaje para conocer otro lugar y descansar, regresan más cansados y menos identificados con el mundo que pretendieron visitar. La movilidad consumista cansa y genera mucha tensión, como todos hemos constatado. Para poder ir y venir, para poder tener y ser, es necesario trabajar mucho. Hemos de trabajar porque gastamos mucho. El gasto generado por el trabajo intensivo quizá implique un costo mayor que los resultados generados. No es gratuito que vivamos con la pesadilla de los créditos y las hipotecas. Invertimos en el futuro las pérdidas del presente. Un mal negocio para usted y para mí, un excelente negocio para los bancos y las empresas comerciales.

Reparar el cuerpo y la mente desgastados por el ritmo alocado de nuestros ir y venir ¡requiere un gasto adicional! Debemos visitar psicólogos, psiquiatras, médicos que nos cuiden la presión, la circulación, el aparato digestivo y circulatorio estropeado por el uso intenso. Ésta es una vida polarizada: trabajo y gasto. Me canso y disfruto.

El acelerado y obsesivo consumo de cosas y servicios acarrea una serie de contradicciones entre el agotamiento y el placer y el descanso. Es un enfrentamiento lineal entre un polo negativo y otro positivo: la insatisfacción (el trabajo) y la satisfacción (el gozo). La única manera de detenerlo es simplemente reduciendo nuestros deseos de movimiento y de consumo. Sólo así se justificaría una disminución lógica y racional en la intensidad del trabajo y, de pasada, bajarían los índices de destrucción de cosas y de la naturaleza.

Desdichadamente, nos dice Mario Borghino,[5] casi 90 por ciento de las personas toma decisiones con base en sus estados emocionales, pues carecemos de la información veraz y oportuna para hacerlo de otro modo. De hecho, señala el autor, el dinero es el que maneja nuestras emociones y las decisiones respectivas: ¿hasta dónde me alcanza? O, peor aún, es el dinero el que establece el ritmo de desecho de objetos de los hogares, no su utilidad, función o comodidad.

Por tanto, cuanto más abandonamos los objetos externos que nos dan identidad, ya sea por causa de un movimiento espacial o por un consumo casi siempre crediticio, más nos duele dejar lo que ya teníamos. A esta circunstancia muchas gentes la llaman "pagar los platos rotos" del éxito. Es un dolor difícil de explicar porque el sentido de pertenencia sedentaria que existe en nuestros más antiguos genes y culturas tiende a resistirse a los cambios. Pero toda la mercadotecnia se ocupa de hacer parecer que los desplazamientos (del campo a la ciudad o hacia otro país) son una ventaja indiscutible de la modernidad y una señal de triunfo. Nada cuesta acumular deudas aunque, al final, terminamos pagando todas esas ilusiones de salir de nuestra cotidianidad aburrida, pero que es segura y conocida.

En este *tsunami* de desprendimientos y de digestión de objetos —la mayoría de los cuales envejece en menos de un año— buscamos que el dolor del abandono se compense en el deseo de tener una autoridad última que nos señale qué hacer, a dónde ir y qué consumir. Por eso las culturas buscan

---

[5] Vea su excelente libro didáctico y muy claro *El arte de hacer dinero*.

verdades definitivas y últimas; es ahí donde podemos depositar una esperanza de que el dolor que sentimos cuando abandonamos nuestras zonas conocidas pueda tener una buena recompensa.

Controlar el desorden mundano y mundial, y darle apariencia de placer y felicidad a los viajes y al proceso destructivo de mercancías, se convierte en una prioridad gubernamental y cultural. Nos gusta lo impuesto desde afuera porque, como estamos cansados de movernos y de consumir, nos ahorra el tiempo de la reflexión y la conciencia que, por cierto, siempre requieren altos grados de inmovilidad y detención.

El dolor de dejar atrás lo que somos para ser otros en el espacio de la competencia movilizadora y consumidora supone que hemos de darle más poder a las estimaciones futuras que a las experiencias del presente. Todo lo que podemos extranjerizar, lo hacemos. Subordinamos nuestra comunidad y nuestros estados innatos de bondad y cariño a los requerimientos agresivos de una individualidad que no tiene donde reposar su cuerpo y sus emociones.

Los malestares que sentimos son resultado de este sistema de movimientos geográficos y consumos determinados por emociones de éxito, placer, fama y riqueza. El costo es muy alto: agotamiento corporal, desmoralización por pérdida de principios, sentimiento de vacío y la presencia de una epidemia que se llama depresión; enfermedad que sufre más del 50 por ciento de los adultos en las sociedades modernas.

Hay excesos de movimiento y de consumo: ahora existen los llamados "modelos de mala conducta socialmente admitidos", que justifican el exceso de trabajo y el abandono de lo que conocemos para lograr el éxito. Además, muchos ideólogos de la superación personal, que precisamente pro-

cura remediar este dolor, insisten en que las malas conductas tienen su origen en nuestra niñez, aunque esta idea (que
proviene de S. Freud) es una manera muy fácil y tonta de ver
las cosas que nos pasan.

Supuestamente nuestros dolores provienen de la manera
en que nuestros padres nos trataron, dicen los falsos psicólogos de la autoayuda. Señalan que dentro de todo adulto existe un niño lastimado, no un viajero, no un empedernido
consumidor. Pero la verdad es que nuestros problemas no
tienen nada que ver con nuestras vidas pasadas. Es la im-
posibilidad de movernos y de consumir lo que más frustración genera. Paradójicamente, cuando logramos movernos y
consumir producimos el dolor del abandono. En los próxi-
mos capítulos trataremos poco a poco esta aparente contradicción.

La creatividad os hará libres

Hay sólo tres tipos de pensamientos: positivos, negativos y
neutros. Los primeros son funcionales en la cotidianidad,
nos ayudan a planear y sugieren nuevas maneras de resolver
viejos problemas; son los pensamientos creativos. Los segundos, por el contrario, no son funcionales. Es decir, no sirven
para nada o, en todo caso, sólo complican más las cosas;
también son razonamientos egocéntricos, centrados en los
deseos e intereses exclusivamente de uno mismo. Los neutros son aquellos que no son funcionales, pero tampoco son
negativos.

Tenemos el derecho de exclamar: ¿pero, cómo? Si toda la
literatura de la superación personal y de la autoayuda precisamente se basa en satisfacer mis deseos. Ahora resulta que
estas técnicas solamente producen pensamientos negativos.

En efecto. Hemos vivido uno de los engaños más representativos de la literatura universal. Se trata de la fantasía de lograr la felicidad atendiendo a nuestros deseos y aplicando un montón de metodologías para alcanzar los cuatro infiernos disfrazados de paraísos: éxito, placer, fama y riqueza.

De hecho, las metodologías de la literatura de la superación personal son muy poco rigurosas y casi todas ellas surgen de experiencias sumamente personales de sus autores. No tienen ningún significado en un universo más allá de la imaginación del autor o de alguna buena experiencia, casi siempre bastante azarosa, que se haya tenido. Para que las cosas funcionen bien tenemos que aplicar los métodos que la ciencia ha utilizado por años: hacer preguntas inteligentes, formar hipótesis (establecer una suposición) y siempre, siempre, poner a prueba la creencia con la práctica y la observación atenta y clara. Cuando consumimos técnicas de autoayuda y de superación personal, lo hacemos justamente como consumidores apurados de ideas. Las ponemos en práctica sin siquiera poner a prueba las hipótesis que las sustentan. Por ejemplo, hoy se sabe de modo científico que el crecimiento material de las personas, las familias y de las sociedades en conjunto no mejora automáticamente la calidad de vida de las personas, ni tampoco implica un mayor estado de felicidad. Se sabe que el exceso de movimientos y de consumo está ligado al calentamiento global de nuestro planeta y a la destrucción irreparable de muchos ecosistemas.

En 1975 la Secretaría Sueca para Estudios del Futuro propuso a la Organización de las Naciones Unidas (ONU) un plan para corregir esta situación. Observe, lector, las cinco propuestas planteadas hace más de treinta años: reducir al mínimo el consumo de carne roja; disminuir el uso del petróleo y sustituirlo por otras energías; hacer uso eficiente de las casas y edificios; producir bienes de consumo domésticos e industriales de más larga duración y prohibir el uso de automóviles privados.[6] Obviamente, el mundo hizo caso omiso de estas sugerencias pues los científicos suecos iban directamente contra el corazón y el pulmón de las sociedades modernas que son la movilización, no sólo de personas sino de cosas también, y el consumo intensivo y destructivo de bienes y servicios, hechos precisamente ¡para no durar!

La movilidad exagerada y el consumo intensivo son contrarios a una vida creativa. Ésta tiende a estabilizar los cuerpos, los pensamientos y las emociones al enfocarlas en unas cuantas actividades, casi todas ellas sedentarias y de muy baja capacidad destructiva. Escapa de todas las artimañas del mercado que nos presenta la posibilidad de satisfacer las necesidades y los deseos por medio del crédito y del consumo de objetos cada vez menos sólidos.

Vendemos nuestras habilidades y hasta nuestro tiempo de sueño con el fin de acumular una cierta cantidad de dinero o garantías que nos permitan el desplazamiento y el consumo de propuestas idealizadas por el *marketing*. El trabajo y la sana diversión se divorcian cada vez más; somos serios y preocupados en el primero, y procuramos ser amables y sonrientes para el segundo. Otro grave error, pues esa lógica sólo nos condena a una serie de eventos encadenados: la lógica de sentir la desgracia del trabajo y el pesar cuando termina la diversión. Moraleja: nunca estamos bien.

Nuestra vida es resultado de la interacción de la mente, los sentimientos, las emociones y los pensamientos, además

---

[6] Patrick Rivers, *Vivir mejor con menos.*

del sistema social y de la cualidad de nuestras relaciones con las demás personas. La experiencia, sea buena, mala o neutra, que usted tiene en este preciso momento leyendo este libro, es un efecto de cómo se encuentra su mente y del medio ambiente que lo rodea.

Si desea, deje esta lectura y observe a su alrededor; ¿Cómo está sentado? Véase. El lugar, ¿le agrada o le desagrada?, ¿qué olor tiene este lugar? ¿Le gustan las cosas de las que está rodeado(a)? Después, obsérvese a usted mismo como si fuera otra persona que lo mira desde fuera. ¿Su mente está concentrada en este libro o está "pajareando" por otros rumbos y tiempos? ¿Se siente bien o mal? ¿Qué le preocupa o le produce ansiedad? Por último, preste atención al espacio que se forma entre su mente y el medio ambiente. Mire su cuerpo tal y como es, sus cosas, su silla, este libro, sus sentimientos. Por favor, no se invente nada, ni se imagine nada. Sólo abra los ojos a la situación socio-mental tal y como es. No haga juicio alguno.

Ahora estamos listos para adivinar qué hay en ese espacio entre la mente y lo social, que lo rodea: ¡es usted!, que está en la encrucijada de qué hacer con lo que tiene, con sus deseos, sus nostalgias y sus ensueños. Usted es un producto de su mente y de su sociedad. Véase así, como un resultado y no como un final.

Todos sus esfuerzos, penas, trabajos y deseos los ha dirigido, lo crea o no, a conseguir su felicidad y, a veces, la de sus seres cercanos. La felicidad es el indicador que usamos para saber cómo nos ha ido en la vida. Si somos infelices, de seguro nos ha ido mal. En cambio, si estamos bien y contentos, nos ha ido bien. Queremos estar bien, no deseamos el sufrimiento. Todos los elementos que ocupan nuestro espacio mental-social están ordenados según estos dos esquemas, felicidad y sufrimiento, no hay otra alternativa.

Por esta razón, cuando podemos dar salida a los conflictos generados por los intereses y deseos encontrados, aplicamos la creatividad en el medio ambiente en que nos desenvolvemos. Una persona es lo que hacen sus actos, pero éstos siempre están empujados por motivaciones e intenciones derivadas de nuestras emociones y de nuestros pensamientos. Vivir plenamente supone trascender el individualismo que nos atrapa en nuestros deseos egocéntricos, pobres, mezquinos, nacidos de los hábitos y las costumbres en los que la sociedad nos tiene atrapados. La vida no puede superarse, la ayuda no puede venir de uno mismo. Sólo por medio de una conciencia clara y lúcida es posible encontrar lo que ya tenemos: a los otros dentro de nuestros corazones. Todo el bagaje de los libros de superación personal simplemente no ven el tesoro que todos tenemos ya: los demás. Y debo agregar que somos gracias a su existencia. De nuevo, somos un resultado y no un principio.

La falta de sentimientos de amor, compasión, gozo y ecuanimidad es un producto del extremo individualismo en que hemos caído desde hace mucho tiempo. Creemos que existimos gracias a nuestros esfuerzos y habilidades, cuando todo nos ha sido dado. La crisis en la calidad de la convivencia sólo es una repuesta al desmembramiento de instituciones que ya no funcionan (como la familia tradicional, la escuela clásica y los gobiernos autoritarios). Las múltiples agresiones que vivimos a diario no son más que los gritos de personas que están esclavizadas por sus impulsos egoístas: "quítate tú para ponerme yo". En el desorden mundano, las virtudes más allá de uno se convierten en conductas sospechosas.

2

LA CRÍTICA FRENTE A LAS ILUSIONES

En la causa última nada se controla

Uno de los principales estados mentales negativos es la depresión. El estrés de la vida moderna, los procesos de alta movilización de las personas, la sensación de que nada puede ser controlado como se desearía en el mundo, constituyen las fuentes de mayor preocupación y angustia en nosotros.

En un contexto natural, la ansiedad, que es el principio del miedo, nos ayuda a prepararnos para hacer frente a un trabajo o a un peligro. Ésta es una emoción que se considera "defensiva" de la vida, que nos hace estar atentos a lo que sucede alrededor. Pero en las sociedades modernas, donde los peligros naturales prácticamente han desparecido, la ansiedad responde más bien a los eventos y circunstancias con que convivimos a diario.

Cuando sentimos ansiedad y miedo frecuentemente nos encontramos sumamente ensimismados. Por eso cualquier elemento externo del cual sospechemos que nos puede hacer algún daño nos hace emplear los mecanismos de defensa;

tensamos el pecho y aumenta nuestra producción de adrenalina. Lo curioso del caso es que casi siempre la ansiedad es desproporcionada respecto a lo que sucede afuera realmente. Los estados mentales que nos hacen sentir mal, inquietos e intranquilos son perturbaciones mentales. Si esa inseguridad se expresa como sentimiento podemos llamarlo aflicción emocional. De hecho, las perturbaciones (más ubicadas en el cerebro) y las aflicciones (más ubicadas en el corazón) son casi lo mismo en la medida en que son los estados mentales los que determinan la calidad de nuestras emociones. En otras circunstancias se puede decir que son las mismas emociones las que determinan los pensamientos, ¿o los pensamientos son los que determinan las emociones?

El problema con las perturbaciones y las aflicciones es que funcionan como espejos sucios que están entre "lo de afuera" y "lo de adentro". Es decir, cuando nuestra mente o nuestro corazón están inquietos y desestabilizados, la realidad que se nos aparece en nuestra mente no coincide con la realidad del exterior. Las perturbaciones mentales y las aflicciones emocionales hacen que distorsionemos los eventos que experimentamos. Por eso vivimos tan engañados, porque creemos que las cosas son de una manera y resulta que son de otra.

Casi todo el estrés y la ansiedad están fuera de lugar: las perturbaciones y las aflicciones nos hacen creer que un hecho puede ser fatal para nuestra operación diaria. Por ejemplo, cuando somos víctimas de un robo de auto o nos falsifican una tarjeta de crédito, cuando llegamos tarde al cine o alguien habla mal de nosotros o comemos algo que no nos gusta. Todos estos eventos aparecen magnificados y como determinantes en nuestra calidad de vida, pero el tiempo revela que es una apreciación sumamente exagerada frente a aquello que nos demuestra que no podemos controlar la vida.

La mayoría de las ansiedades, por lo tanto, provienen de perturbaciones y aflicciones internas que evocan en nuestra mente peligros y tragedias que no existen como tales. Por eso, afirma Daniel Goleman que la mayoría de nuestras ansiedades crónicas son síntomas de un estrés elevado, cuya base son las percepciones equivocadas sobre las cosas de la vida.

Es natural que como personas procuremos eludir los problemas que acarrea vivir y estar con los demás. Muchas circunstancias y presiones del mundo laboral, familiar o social, nos obligan a hacer frente a esos problemas, lo que intentamos con un "gran salto". Engañados por nuestras falsas percepciones de las cosas, procuramos la gran solución, un gran cambio, para producir una respuesta expedita y directa. Obviamente, si nuestras propuestas son efectivas y funcionan bien nos felicitamos y nos sentimos contentos y más plenos. Pero cuando ese gran salto sólo acarrea más problemas o complica la situación, nos desconcertamos, caemos en la desesperación y en la depresión que son estados que, a su vez, nos incapacitan para repensar bien las cosas.

Los "grandes saltos" que nos proponen las técnicas de la superación personal y de la autoayuda para enfrentar los retos de la vida, casi siempre implican crear otras circunstancias devastadoras. Así ha sucedido con técnicas como el método de la "excelencia"; con los procesos de control de la calidad total o los seudo remedios como la Dianética y la psicología conductista. También están los programas dentro del campo de la llamada Nueva Era: La Conspiración de Acuario. Todo este bagaje de textos, obras y prácticas ahora se rediseña con libros estilo novela dedicados a preguntar quién se comió mi queso o si soy de verdad una gaviota, aunque creo que también puedo ser un delfín (o cómo ser alquimista sin quedar en vergüenza, o si mis padres son los culpables de mi fracaso), para terminar recurriendo a las cartas Tarot y el horóscopo, entre otras muchas técnicas más. Todo ello bajo la sombra cómplice de la seudo ciencia y el engaño. El problema que tenemos aquí es que consumimos esta literatura en un estado sumiso y pasivo. Es la aplicación de técnicas de solución de problemas sin ejercer ningún criterio lógico y analítico. Se trata, en pocas palabras, de consumir soluciones "rápidas", *fast solutions*, una versión más del *fast food*, pero ahora cerebral.

Habría que reconocer que a veces en la literatura de la superación personal hay cosas interesantes. Pero en general podemos señalar la inutilidad de forzar respuestas en un modelo ideal de vida, que tomamos como gran solución a nuestros problemas. De hecho es posible decir que gran parte de la ansiedad y el sufrimiento provienen de nosotros mismos y que las "cosas de fuera", como el trato que nos dieron nuestros padres, nuestras experiencias escolares, nuestras relaciones de amor frustradas y el abandono de que fuimos objeto, no son más que situaciones cooperantes de lo que ya creamos nosotros mismos.

Nuestro sufrimiento actual, de ahora, surge como un auto castigo inconsciente en el presente. En buena medida porque seguimos creyendo que el mundo no es lo que deseamos, y por lo tanto, algo debimos hacer muy mal. Son los sentimientos de culpa y la sensación de fracaso lo que los autores de la superación personal usan como palanca estratégica para vender las ideas de ser feliz, de ser uno mismo.

Pero, objetivamente, ningún sentimiento de sufrimiento o ansiedad ha sido capaz de resolver algún problema, por minúsculo que sea. Los engaños que provienen de las perturbaciones mentales y de las aflicciones emocionales sólo producen mayor ansiedad y estrés. De ahí que el pensamiento crítico sirve para desbaratar las ilusiones de las que creemos que estamos hechos y hechas.

El peor engaño que nos podemos hacer es creer que somos lo que creemos que somos. Nos identificamos con un montón de conceptos que nos abrigan de la nada y de la insignificancia. Somos médicos, padres, admiradores de tal o cual músico, somos mexicanos o brasileños, somos hijos, somos nombre y apellido, somos empresarios o empleados, somos automovilistas. Toda la lucha en la vida trata de conseguir estas identidades o de no perderlas. Y en esto se nos va la vida.

Cada uno de nosotros vive en grupos y clases sociales que nos dan la sensación de pertenencia y orientación en el complejo mundo desordenando que vivimos. Todo el mundo que construimos es casi exclusivamente una identificación con la formas. Esta identificación con las formas nos impide observar más a fondo la vida. La mente es la que cree que esas formas son esenciales: nosotros mismos estamos convencidos de que los engaños que nos hacemos son las verdades para responder a la incertidumbre e inseguridad de la vida.

¿Qué es lo que más nos da identidad? Seguramente los recuerdos y los actos del pasado que logran plasmarse en un papel y reconocidos por una u otra institución pública o privada. Estar casado o divorciado, empleado o desempleado, estar sano o enfermo, ser padre o soltero y todas las demás etiquetas reconocidas hacen que tengamos la documentación necesaria para crear nuestra propia biografía. En otras palabras, nuestra historia personal socializada.

Mick Brown, autor de la novela *El turista espiritual,* observa que cuanto más apegados estamos al modo de identificarnos con los recuerdos documentados, más caemos en nuestra propia prisión, pues esos eventos se dieron en el pasado. La lógica es simple: entre más buscamos identidad y consuelo frente a la ansiedad y sufrimiento del presente, la mente nos recuerda lo que hemos ya perdido. Nada del pasado se puede recuperar. Por eso el anhelo es el hermano mayor de la ansiedad. El anhelo es la ansiedad de tener y detener lo que por naturaleza es proceso y viento.

La palabra clave para desenmarañar los engaños que nos hacemos con las perturbaciones y aflicciones es la atención. Debemos poner atención, entre otros hechos, a que en nuestra existencia todo es incontrolable. Aunque en ciertos momentos podemos lograr un cierto nivel de intervención en las cosas que nos pasan (por ejemplo evitar un choque automovilístico o prevenir alguna enfermedad), la verdad es que esos momentos son extraordinarios y no son parte de nuestro devenir cotidiano y regular.

Frente a los acontecimientos incontrolables siempre puede hacerse algo. De nada sirve sentirse impotente puesto que así solamente se crea una impresión abrumadora frente a los problemas. Si bien es cierto que no podemos tener el control dentro y fuera del mundo interpersonal, también lo es que, conociendo los factores que están en juego, podemos inclinar un poco hacia un lado u otro aquellas corriente de problemas que son incontrolables.

El mundo es peligroso por la sencilla razón de que nuestras vidas son sumamente frágiles e inseguras. De hecho, cada persona que pasa a nuestro lado tiene la potencialidad de hacernos mucho daño; poco podemos hacer al respecto dado que nos es imposible observar lo que pasa en su mente. Pero, en gran parte, tampoco sabemos lo que pasa en la nuestra. Estamos demasiado ocupados defendiendo e incrementando nuestros factores de identidad, con la creencia de que así vamos a controlar las cosas de la vida.

Ir al principio, a la mente

Todos los engaños, a los que somos tan afectos, nacen de una mala comprensión de las cosas. Las perturbaciones y las aflicciones, como la ira, la ansiedad, la depresión, el pesimismo y la soledad, son formas tóxicas de la mente. Estos estados mentales son como químicos venenosos porque crean las acciones más destructivas y agresivas en los seres humanos.

Para muchos autores, entre ellos Daniel Goleman, los datos demuestran que cuando esos venenos mentales se instalan como un hábito en las personas, se puede decir que están a un nivel equivalente a los vicios crónicos del fumar, de tomar alcohol o de ingerir drogas. Por esta razón, si las perturbaciones y las aflicciones se presentan de modo cotidiano y asumen formas obsesivas, son tan difíciles de reconocer y aceptar. Es como la resistencia que tiene un alcohólico a admitir que lo es.

Un hábito mental se convierte en modelo cuando se repite insistentemente a través del tiempo. Los estados mentales regularizados en la vida cotidiana forman el carácter; cuando éste madura se configura la personalidad. Por eso, si partimos de estados mentales como la ira y la depresión, no hay duda de que terminaremos identificándonos con ese estado mental en concreto. Entonces creemos que los estados mentales crean lo que somos. No decimos "mi mente esta enojada", sino que "estoy enojado"; no decimos "mi mente siente tristeza" sino "estoy triste". Ésta es una de las trampas más finas que nos hacemos al no comprender cómo funciona la mente. Confundimos un estado mental, pasajero y casi siempre intrascendente, con la definición de toda nuestra identidad, con nuestra personalidad.

Nuestra mente se mueve en dos planos generales. El primero es el campo habitual, de lo conocido y reconocible –tal como vimos en el capítulo I. De hecho, podemos realizar casi todas nuestras actividades cotidianas con un porcentaje muy alto de inconsciencia y desatención, por la sencilla razón de que ya conocemos el ritual y, por ende, lo ponemos en práctica de forma automática. Así sucede cuando leemos, manejamos, sumamos y restamos, comemos, cuando dejamos las llaves en la mesita de la entrada. Todas estas actividades tienen el sello de "como siempre." Operan bajo un sistema de referencia reconocible y, por tanto, parecen no requerir mucha atención.

Al segundo plano de la mente accedemos cuando interactuamos con alguien o con algo que no nos resulta conocido ni acreditado por nuestro saber o experiencia. Entonces brotan de lo profundo de la mente algunas señales que nos permiten más o menos crear algunos criterios respecto a lo que tenemos delante. Aquí aparece el mundo de la inconsciencia. Nos ayuda a reaccionar ante nuevas situaciones para que no resulten demasiado amenazantes y podamos tratarlas de modo más o menos racional.

Tenemos ciertas referencias previas (por ejemplo que los ladrones hablan y visten de cierta manera), por tanto, si un extraño se acerca a esos datos, la mente inconsciente impulsa el concepto de "ladrón". De esa manera entablamos una relación previamente enjuiciada, independientemente de la realidad objetiva de esa persona.

Cuando aparecen los hábitos mentales y los prejuicios, tienden a reproducirse aceleradamente, como una bola de nieve que rueda montaña abajo. Además de ser incisivos, son expansivos. De este modo, el trabajo más importante que podemos hacer con nuestras mentes es darnos cuenta de cuándo hacemos las cosas de manera automática, sin conciencia, y cuándo las hacemos por causas que nos parecen fuera de lugar, es decir, por creencias, hábitos y modelos mentales de los cuales no estamos concientes pero que determinan nuestras reacciones frente a los estímulos del exterior.

En el libro *Lo que sí importa en la vida* Richard Carlson señala que, para poder trascender las conductas automatizadas y las acciones basadas en los campos internos de la inconsciencia, necesitamos poner atención y percatarnos de cómo está nuestra mente, qué sentimos y pensamos. Para ello se requiere: 1) tener la mente despejada todos los días; 2) utilizar la mente despejada para establecer prioridades y evitar distraernos y; 3) dedicarnos a lo importante.

Pero ¿cómo limpiamos la mente de nuestros hábitos y obsesiones? Considerando que todo lo que existe en la mente es pasajero e irreal, la base del cambio y de la trasformación es comprender que lo que en ella aparece no tiene sustancia objetiva y que es discontinuo. Es necesario ver a la mente como algo que pasa, que caduca a cada instante, y saber que todo lo que ahí se refleja está sujeto a la descomposición y la aniquilación.

Por eso, cuando observamos la mente, nos damos cuenta de que los estados perturbados y afligidos son resultado de una mala comprensión de la mente misma. No hay fundamento que nos permita asegurar que la ansiedad, la ira o cualquier otro estado negativo son parte esencial de la mente pues, como todo lo que ahí se da, son sólo momentos, no su realidad. El reconocer la mente nos permite comenzar a vislumbrar qué podemos hacer para limpiarla de las perturbaciones y de las aflicciones. De hecho, siguiendo a la psicología positiva y la neurociencia, la única manera es enfrentar los venenos mentales. No creer que somos víctimas de situaciones o de otras personas ni tampoco que todo deviene de nuestra infancia o, peor aún, de vidas anteriores.

Lo que ahora se sabe es que es posible reconducir los estados mentales venenosos y sustituirlos por otros más constructivos, como la serenidad y la bondad. Esto es posible gracias a la neuroplasticidad. Esto es, el cambio del cerebro (y, con él, de todas las emociones) por medio de pensamientos. El objetivo es destruir los engaños y los venenos mentales que nos hacen ver los pequeños problemas o contratiempos como una calamidad o tragedia.

La exageración de nuestros problemas cotidianos nos hace considerarnos personas inviables y perdedoras. Hay que reconocer este engaño. Reconocer quiere decir básicamente identificar de modo consciente nuestros esquemas inconscientes, que manejamos como si fueran condiciones naturales de la existencia cuando son condiciones estrictamente subjetivas —es decir, que dependen de la percepción de las experiencias de las personas. Aunque seamos muy objetivos con la vida, siempre nos enfrentamos a tres tipos de datos, como lo señala el científico Khun:

1. Los datos que mejor valoramos, que son los que vemos, son aquellos que coinciden con nuestras creencias y hábitos mentales.

2. Hay otro conjunto de datos que más o menos podemos aceptar porque se parecen a los primeros, aunque no formen parte del mismo grupo.

3. Hay un montón de otros datos que simplemente no observamos ni consideramos, simplemente porque no ensamblan con los hábitos y modelos mentales aprendidos.

La mayor parte de esta información, aunque usted no lo pueda creer, es una serie de signos conceptuales que habitan en nuestra mente y que tienen existencia real por la fuerza de la costumbre. El ejemplo más claro es el del dinero, que es el valor más "puro" de los signos y a pesar de ello le damos una existencia real casi absoluta, pues es capaz de convertirse en cualquier cosa que esté en disponibilidad de intercambio.

Como saben los economistas desde Adams Smith, el dinero no tiene valor en sí mismo: no se come ni se bebe, no se puede plantar ni nos transporta, mucho menos sirve para darnos calor en épocas de frío. Pero tiene más valor que cualquiera de esas cosas porque puede tomar cualquier forma, pasando de una mano a otra. Así son muchas cosas de la vida: ¿se puede beber la tristeza?, ¿usted ha comido la alegría?, ¿se abriga con la ansiedad? Todos los estados mentales perturbados son signos que parecen reales pero que en realidad están ahí para después desaparecer. No son la mente, sino signos (¡sí, signos!) de su presencia efímera, son objetos mentales, formas.

Por eso casi todos andamos como somnolientos, porque estamos distraídos con un montón de signos mentales que aparecen en respuesta a lo que estamos pensando, hablando y haciendo. Creemos que somos normales porque así anda todo el mundo. El enojo, el estrés, la lucha contra los otros, el chisme y la maldad aparecen como cosas lógicas y obvias porque creemos que son realidades inevitables y permanentes. La verdad es que no lo son.

La única manera de observar las perturbaciones mentales y las aflicciones emocionales es frenar la velocidad de los pensamientos y de los sentimientos. Es decir, verlos como objetos de la mente por medio de la mente misma. Se trata de llegar a un momento de concentración mental en la que no evaluamos, ni analizamos, ni amamos, ni odiamos. Se trata de tener al presente como fuente de referencia para que los sentimientos de odio surgidos de eventos pasados no tengan posibilidad de recrearse. Pero tampoco se trata de dirigir los pensamientos dirigidos a un futuro. En otras palabras, la idea es cultivar el perdón hacia atrás y la liberación de las ilusiones hacia adelante.

No es necesario suprimir ni sublimar el pensamiento o las emociones; más bien lo que se quiere es algo que ya se tiene: estabilizar en el presente el estado de la mente interactuando con el medio externo. Sólo cuando la mente se conecta con la vida que la rodea puede nacer la bondad hacia lo que vive. Toda persona espera a otra, en la realidad o en los sueños. La soledad mental es una tragedia porque estamos hechos para convivir. Precisamente cuando dos personas se cruzan, y a todos nos ha pasado, puede existir una conexión más profunda que las miradas que se encuentran o los suspiros que nacen desde el fondo del corazón.

El enamoramiento es un acto de presente total. En ese momento de contacto quedan saturadas la memoria y la expectativa. De hecho, toda la biografía personal de los enamorados queda fulminada y sólo existe lo que es: el momento presente y una mente abierta, lúcida y sensible. Entonces la mente se encuentra en la mente, al igual que cuando estornudamos, cuando tenemos un orgasmo, cuando estamos en el momento anterior a un desmayo o a la entrada del sueño profundo. En todos estos momentos, la mente queda desprovista de nombres, conceptos, ideas, pensamientos, creencias, hábitos y modelos para encontrarse sólo a sí misma. Después vienen los estados de vigilia, el mundo de las formas, y volvemos a los engaños.

El yo no existe

Si la mente es pura experiencia del presente, sin ropaje alguno, ¿por qué entonces estamos metidos en el embrollo de sentirnos mal, inquietos e infelices? Por la sencilla razón de que constantemente estamos alimentando la ilusión de la existencia de un "yo" que aparece muy sólido, real, autónomo y viable. Precisamente toda la literatura de superación personal es materia prima para alimentar a ese yo. Propone técnicas y más técnicas para elevar la famosa autoestima o, lo que es lo mismo, "estimar al yo" para no caer, se dice, en estados de falta de autoestima, frustración y negatividad. Esta propuesta de la *psicología light*, lo que hace es afirmar las exageraciones del yo respecto a lo que realmente le sucede.

Al yo, cuya expresión más fina es el ego, le encanta colocarse en el centro del mundo. Basta estar junto a un amigo o amiga que acostumbra sólo habar de él o de ella para darnos cuenta de la futilidad y mediocridad que resulta de esta sobredimensión del yo. Y todos tenemos una amistad con esta característica, aunque también podemos ser nosotros mismos. Pregúntese, por favor: ¿cuántas veces al día platico sobre mí?, ¿cuánto tiempo dedico a mis eventos y circunstancias? Si usted habla de su propia persona más de tres veces al día, y más de 60 minutos, le pido que siga leyendo este libro.

Muchos de los problemas que tenemos ahora provienen justamente de confundir los signos con las realidades que

representan. Ya no creemos en las cosas, en las formas concretas, sino que nos encanta creer en los símbolos. Por ellos
trabajamos (el 99 por ciento de las personas trabajamos por
dinero); en ellos creemos (si somos cristianos, en la cruz,
por ejemplo) y por ellos hasta nos matamos (por nuestra
madre, para poner un clarísimo ejemplo).

Signos, símbolos, códigos y cifras se han convertido en los
objetivos de nuestras vidas. Empeñamos casi todo nuestro
tiempo, energía y saber para adquirirlos y así poder manipular, de modo indirecto, las diversas realidades que representan. Pero en realidad lo que sucede es que, al contrario, terminamos manipulados por los signos, especialmente cuando
los tomamos muy en serio.

Por eso, muchas veces compramos cosas no tanto por su
uso y funcionalidad, sino por lo que pueden representar
frente a los demás. Es por el signo de la marca que compramos cosas, es código de estatus, presencia y a veces un poco
de placer morboso; pero eso es todo. Los signos, signos son
y, como tales, son simples acuerdos entre nosotros sobre
cómo valorar las cosas a las que significamos. Aunque esos
acuerdos son volátiles y cambiantes. Ahí está la moda anual
en el vestir de primavera para comprobar esta idea.

Lo malo es que la vida está hecha de cosas pequeñas y
sencillas, que tienen muy bajo peso en signos: ir al trabajo,
vestirse por la mañana, desayunar unas enchiladas, lavar los
platos y los dientes, saludar al vecino que sale a la misma
hora que nosotros, tomar café, platicar del juego de fútbol,
regresar a casa, ver un rato la TV, irse a la cama o hablar por
teléfono con un familiar o amigo. Eso es toda la vida. Si no
me cree, por favor, lector, lectora, haga una lista de las actividades que realizó el día de ayer; estúdiela con atención,
como si fuera otra persona; ya sabe, no haga juicios, no va

lore nada, sólo vea su rutina diaria, Obviamente que hay días extraordinarios y memorables (cuando se nos casa un hijo o se gradúa de una universidad, cuando obtenemos el empleo que habíamos deseado, cuando fallece un familiar muy cercano o una buena amiga). Claro... hay días para recordar, pero le diré muy claramente: son unas cuantas excepciones. La regla es otra.

La paradoja de la vida es que sólo en los detalles, no en los grandes acontecimientos maravillosos, está la belleza de la vida. Las ilusiones grandilocuentes, una existencia magnífica, como dicen los libros de autoayuda, pertenecen únicamente al terreno de las fantasías de nuestro ego, de ese sujeto llamado yo que sólo quiere lo mejor para sí y, cuando está de buen humor, para los que ama. La idea de la grandeza que la literatura de la superación personal nos quiere hacer creer es un engaño fatal, que sólo abona los sentimientos de fracaso, frustración y ansiedad.

La mayoría de las "recomendaciones" que escuchamos para salir de los problemas y sentirnos bien, tener un buen trabajo, llevar buenas relaciones con los demás, devienen de ideas muy personales que se han difundido como mecanismos aplicados a empresas exitosas, aunque sólo duren uno o dos años. Así, aplicamos pasión al trabajo (¡encuentra tu queso!) pero siempre bajo vigilancia del contratante. Pero con ello se nos obliga a disfrutar la libertad y, además, se nos exige a tener éxito. Son los nuevos jaloneos de la vida moderna. No se trata técnicas de superación personal y de autoayuda inocentes, sino de órdenes que, de tanto repetirse, terminamos creyendo. Es el clásico ejemplo de la profecía auto cumplida, porque se anuncia tantas veces que nosotros mismos la convertimos en realidad.

Estamos, pues, como atrapados entre presionar al yo hasta donde sea posible y la realidad de la vida cotidiana, que se rige únicamente por detalles. De muchas maneras esa presión conlleva ataques de pensamientos: debo ser así, debo ser así, debo ser así. Entonces, los pensamientos empiezan a nutrirse a sí mismos, haciendo aparecer como realidades cosas que en verdad sólo están en nuestra mente.

Hable usted cinco veces al día de su yo y será para su mente una indudable e indiscutible realidad, concreta y definitiva.

Los pensamientos centrados en el yo, tienen la característica de multiplicarse como conejos: uno lleva a otro, en una infernal repetición de los mismos asuntos y de las mismas ideas; aunque todo allá afuera haya cambiado. Aquello a lo que hemos puesto exagerada atención se convierte en un superobjeto, lo más importante del universo. Por ejemplo, si sentimos mucho celos de alguien, esa persona se convierte en un gigante, capaz de despojarnos de lo que más amamos; cuando logramos un nuevo empleo, que deseamos, sentimos que ya se resolvieron todos nuestros problemas. El resultado inevitable de los pensamientos repetitivos y obsesivos es generar un cansancio que no tiene fundamento real: es el estrés. Porque usted se puede sentir agotado al final de una larga jornada de trabajo, pero no se trata de estrés. Éste es una enfermedad de la mente, cuya energía desordenada toma forma en el cuerpo.

El yo, repetido y repetido miles de veces se llama ego. Como recomendación terapéutica intente no usar la palabra "yo" o "mío" durante un día. Notará algo increíble: se sentirá más liviano y quizá más risueño. Se dará cuenta de que la mente que construye, alimenta y protege a ese yo es sólo un invento del *marketing* individualista. De paso observará, también, que muchas cosas que ese yo desea no necesariamente coincide con lo que verdaderamente necesita. Reflexione si la felicidad se ha convertido para usted en otro objeto por alcanzar, un deseo más, una cosa.

Dice acertadamente el autor italiano Marco Santillo que nosotros como personas no sabemos nada: vivimos soñando despiertos y, cuando dormimos, no sabemos qué estamos soñando. El yo, tan alimentado por la literatura de la autoayuda, es un ente arrogante que paraliza todo objeto cotidiano real. Hay pocos detalles de la vida que se integraran solamente a los signos y símbolos con los que equipara la felicidad: los deseos de tener esto o aquello. Mientras el yo se distrae con imaginerías, ilusiones y ensueños, pasa la vida.

Por eso estar en el yo, ensimismado, sólo puede tener como resultado la muerte en vida, es decir, el dominio de la inconsciencia sobre la existencia. La mente esclavizada por el yo está distraída y que ve al mundo con el único objetivo de satisfacer sus deseos egoístas.

Por esta razón una mente "ida" es lo más común en nuestras sociedades. Siempre andamos con el cuerpo por un lado y la mente por el otro. Es la desatención a lo que está ocurriendo en el presente. Buscamos cosas en el futuro o en lugares donde no están, con ansiedad. Vivimos en grandes espacios de confusión e ilusiones. Nada nos es posible conocer si estamos constantemente exagerando las pequeñas y nobles cosas que nos pasan en la vida: los pequeños detalles de la cotidianidad de los que están hechas nuestras auténticas realidades, esa es la verdad.

Cuando estamos en el campo de juego del yo creemos que todo lo que nos sucede y nos rodea es por causa o está en función de nuestra existencia, que las cosas son porque estamos involucrados. Sinceramente nos esforzamos para que tales sucesos cuenten con nuestra autorización, para convencernos de que ejercemos un cierto control de las situaciones. Queremos relacionarlo todo con nosotros mismos. Pero si aplicamos un mínimo de escepticismo y ponemos a prueba esas ideas, veremos que estamos en un grave error de percepción. Esta equivocación ha venido creciendo desde hace muchos años debido a la invasión de técnicas y metodologías de superación personal, que nos exigen precisamente aprender a tener más control de lo que somos, o de lo que podemos ser. Cierto es que todos deseamos ser felices y nadie, en su plena conciencia, desea sufrir. Este legítimo deseo es lo que nos lleva a comprar un libro de autoayuda, elegido en gran parte por su titulo, mejor cuanto más atrevido pues parece más interesante. Como todos tenemos baja autoestima o adicciones, recuerdos reprimidos de la infancia, padres ricos o pobres, se han convertido en verdaderos señuelos. Desgraciadamente los autores de libros de superación personal abusan de la sensación generalizada de que en verdad no tenemos la maravillosa vida que merecemos. Entonces, las enseñazas de la superación personal son precisamente superar (eliminar sería el concepto más adecuado) lo que ya somos y estamos siendo a cambio de una peregrina imagen de lo que podríamos ser. Pero, como señala Paul Pearsall, estamos vivimos y "sin embargo no estamos viviendo en verdad".[7]

Estamos hechos de presente

Todos los libros que se dedican a la autoayuda y a la superación personal parten de una creencia sumamente arraigada

---

[7] Paul Pearsall, *El último libro de autoayuda que necesitará*, p. 83.

en nuestra mentalidad moderna: somos personas incompletas; siempre nos falta o nos sobra algo para poder ser. Por tanto, no estamos centrados en el presente sino que buscamos "algo" que está en el futuro para no sentirnos vacíos o escarbamos en el pasado para deshacernos de cosas que ya hicimos. Esta creencia (de estar incompletos) es una de las más tremendas falsedades con las que hemos vivido por años y que muy bien han sabido explotar todos los autores y las empresas que editan libros de superación personal o de autoayuda.

El marketing de las seudo psicologías ("piensa bien y te ira mejor") y de las subadmistrativas ("cómo hacerse rico en 24 horas") tiene su origen en el sentimiento de culpa que aparece cuando una personas real se compara con un modelo ideal. Se trata de construcciones, a veces extraordinarias pero en la mayoría de los casos inventados, de cómo deberíamos pensar, hablar y conducirnos para lograr los famosos cuatro intereses mundanos: tener ganancias, ser felices, gozar de alabanzas y lograr el éxito. Al mismo tiempo se nos aconseja qué es lo que no debemos pensar, decir o hacer para evitar las cuatro maldiciones: pérdida, infelicidad, crítica, y fracaso.

Al reconocer nuestra esclavitud de la idea de que estamos incompletos, o que sufrimos de un "déficit existencial", reconociendo que el problema de la carencia ha sido un invento más de las percepciones erróneas de la vida, descubrimos que estar centrados, en paz y satisfechos, tal y como somos, es una cuestión meramente mental y tiene poco que ver con el medio ambiente. Por ello la posibilidad de centrar nuestras vidas aceptando la idea que estamos bien así como somos es una actitud sumamente liberadora. Reduce mucho el impacto de las tensiones y demandas a las que nos vemos constantemente sometidos en las sociedades de competencia, que buscan la felicidad y el éxito pero cumpliendo los requisitos y los modelos de ganador que se nos imponen consciente o inconscientemente.

La conciencia de que está bien ser tal y como somos ahora y de que es un engaño buscar "cosas" para sentirnos plenos y completos (pues somos inherentemente carentes de esto o de aquello), además de eliminar el peso del "deber ser", tiene un efecto positivo: reduce significativamente el consumo y el gasto que producen muchas distracciones que hacen aumentar indebidamente nuestras responsabilidades. La liberación de la carga del consumo nos permite tener más tiempo para actividades de enriquecimiento espiritual, para el deporte, leer, para pasarla bien con los amigos(as) y para hacer nada.

Un estilo de vida más sencillo, y menos costoso, facilita estar a gusto con lo que se tiene y con el medio ambiente en que nos movemos. No se trata de ser conformista y promotor del *statu quo* sino de estar más tranquilos y con menos tormentas internas. Podemos observar la vida tal y como es y, de esa manera, comprenderla. Algunas cosas deben cambiarse pero no a causa del apego, la codicia, del odio o por la aversión, sino porque ese cambio es favorable a las personas con las que vivimos, incluyéndonos a nosotros mismos.

La propuesta es comenzar a experimentar la vida con un concepto liberado de nuestras personas, sin buscar "cosas" para complementar el supuesto déficit que tenemos en la personalidad o en el modo de ser. Es el aprendizaje desde la experiencia directa, desde la intuición.

Según numerosos estudios pedagógicos, las personas aprendemos en promedio el diez por ciento de lo que leemos, el 15 por ciento de lo que escuchamos, 50 por ciento de lo que vemos, pero el 85 por ciento de lo que experimentamos en carne propia. Obviamente, esto no quiere decir que no estudiemos, que no escuchemos, sino que nos fijemos muy bien dónde aprendemos las cosas de la vida.

Muchas personas invertimos tiempo en leer, asistir a cursos, en aplicar esta o aquella técnicas de autoayuda y evaluamos aprobando o reprobando alguna creencia *new age* o que está de moda. No es de extrañar que tratando de llenar nuestro vacío estemos constantemente en un proceso que podemos llamar de "sobrecarga mental". Cuando aceptemos que no hay ninguna carencia humana en nosotros que remediar, estaremos ganado la batalla contra las perturbaciones mentales y las aflicciones emocionales que causan nuestros sufrimientos. Destruiremos la ilusión de que estamos incompletos y de que por eso tenemos que comprar muchas cosas o tenemos que adoptar tal creencia y ciertos hábitos.

El inicio de esta liberación es identificar los pensamientos totalmente innecesarios, que se identifican con la presión de llenar el vacío emocional, las supuestas imperfecciones corporales o las debilidades de carácter. Así comenzamos a dejar de imponer nuestras ideas y creencias a los demás y a no retener pensamientos ni emociones. Porque cuando nos sentimos vacíos y carentes de "algo" adoptamos creencias que nos llevan a vivir en el futuro o en el pasado. De hecho, únicamente cuando estamos centrados en el presente podemos renovarnos.

La vida sólo puede ir mejor si comienza y termina en el presente. Al mejorar el presente, lógicamente hacemos que en el futuro pasen cosas mejores. Así ocurre, por ejemplo, cuando se reforesta un bosque, se descontamina una playa: en un futuro todo mundo podrá disfrutar de ellos. Olvidemos las esperanzas si no hacemos nada en el presente.

Tengamos conciencia de que somos personas plenas en este momento, destronando todas las técnicas que nos impiden disfrutar en calma el momento: no más persecuciones de quesos o de gaviotas aceleradas, no mas remediar nuestros defectos para el éxito y para el amor; no más engaños, por favor.

De hecho, la educación, la escucha y la experiencia nos sirven para crecer como seres humanos. Pero se trata de asumir ese crecimiento sobre la base de una persona entera, no fraccionada o deficitaria, como nos los hace suponer siempre la literatura de la superación personal y de la autoayuda.

En resumen, todo en ti está bien.

Si deseas agregar o quitar algo a tu vida, hazlo con la plenas conciencia de que ya eres lo que eres; lo demás son agregados al entero, pedazos.

El pensamiento crítico nos sirve para romper, de una vez por todas, con esa ilusión de que vivimos una vida de carencias internas o de sobrantes.

3

LA PARADOJA
DE NUESTO TIEMPO

El sufrimiento nace y muere

La única tradición que inicia toda su doctrina con el sufrimiento y termina con su liberación, es el budismo. Esta cosmovisión fue desarrollada por Buda Shakyamuni, ex príncipe de un reino feudal ubicado en lo que ahora es Nepal, al norte de la India, hace más de 2,550 años. Su primera lección, cuando bajo un árbol logró despertar a la Realidad, se conoce como las Cuatro Nobles Verdades, que constituyen la base sustantiva de esta doctrina.

¿Qué es lo que descubrió el Buda? En primer lugar, la Verdad del Sufrimiento. Comienza diciendo que todo ser viviente tiene un estado de descontento, que conlleva la infelicidad y la tristeza, estados que son universales. La segunda, la Verdad de la Causa del Sufrimiento, puede interpretarse más o menos del siguiente modo: la causa general del sufrimiento es la ansiedad que tenemos por poseer todo aquello que nos es agradable, por hacer cumplir nuestros deseos. En términos amplios, en nuestra vida operan dos grandes fuerzas: el apego a la existencia (el nunca querer que se termine) y el apego a la muerte (el siempre querer que se termine). A la primera fuerza se le llama también *Eros*, a la segunda, *Tanatos*. O, si se prefiere, *Ying* y *Yang*.

En otras palabras, la causa última del sufrimiento está en nuestra constante búsqueda de objetos y circunstancias para la satisfacción de nuestros deseos. Y, bueno, ¿cuál es el problema? Que los objetos y circunstancias que buscamos creyendo que nos ofrecerán felicidad y satisfacción son perecederas, siempre cambiantes y no pueden ser adheridos realmente a nuestra existencia.

Miles y miles de ejemplos hay al respecto. Usted por fin compra una casa, algo que le costó años de esfuerzo y de trucos. Muy bien, ya tiene su nueva casa. Está lleno de dicha y felicidad, de verdad cree que se terminaron los problemas de pagar la renta y los gastos de mantenimiento. Pasan algunos meses y la historia comienza de nuevo: la casa tiene desperfectos, hay que pagar la hipoteca, reparar el sanitario, cambiar el sistema eléctrico, hay humedad en varias paredes, los vecinos son insoportables. La felicidad de poseer su casa duró, si bien le va, algunos meses.

Y qué tal el tener una pareja para ser feliz y estar contento(a) todos los días. Pues bien, logra por fin conquistar el amor de su vida, esa persona que soñó, por la que lloró y se esforzó, como requisito previo para darle sentido a su existencia. Se enamora, se casa. Después de algún tiempo –muchos psicólogos lo ubican alrededor de los siete meses de vida en común– comienza a darse cuenta (¡por fin!, diría la suegra) de los defectos que su ser amado: no era tan bonito(a) como se lo imaginaba. Verlo todas las mañanas la ha robado la ilusión del principio, se enferma mucho del estómago y, a veces, prefiere irse con sus amigos(as) que quedarse con usted. No es tan romántico como cuando eran novios, ya no salen a comer con la misma frecuencia. Empiezan los pleitos y los reproches de todos conocidos: por qué no llegaste a comer..., no me llamaste..., te fuiste sin despedirte... y un inmenso repertorio de quejas e insatisfacciones. Más o menos se sabe que el amor de pareja dura alrededor de siete años.

La realidad de todo ser humano es que todos los objetos y circunstancias que desea son muy difíciles de obtener y, cuando por fin logra "tenerlos", se desbaratan en sus manos. Éste es el principio de la impermanencia: todo cambia, por más que deseemos que no lo haga. En una sola frase: todas las cosas de la vida poseen una naturaleza transitoria. Lo que vive, crece y muere, lo que existe, es y deja de ser. Incluso nuestro amado yo (alias ego) es una ilusión sometida a la ley universal de la impermanencia.

La naturaleza del sufrimiento es que todos los actos dirigidos a conseguir nuestros deseos egoístas (los cuales parten de que si tenemos o adherimos esto o aquello, vamos a ser felices), están destinados al fracaso y a su inevitable aniquilación. Así sucede sin importar cuánto la literatura de la superación personal nos quiera convencer de llenar con "cosas" (o logros) nuestros fracasos y vacíos para encontrar el éxito y, por ende, la felicidad.

Por tanto, el sufrimiento no está tan mal como muchas filosofías nos han hecho creer. Es algo natural y necesario, es parte del proceso real de la vida, de su biología imperfecta y perecedera. La vida no puede ofrecer más que un buen paquete de sufrimiento, insatisfacción y ansiedad porque no entendemos bien a bien de qué se trata este asunto de vivir. Por tanto, la vida no nos puede dar una felicidad absoluta pero tampoco un sufrimiento absoluto.

La segunda verdad de Buda, la de las causas del sufrimiento, también nos permite descubrir que muchos de éstos se deben a que ¡no deseamos sufrir! Nos resistimos a la presencia inevitable del dolor y de la tristeza porque creemos que no deberíamos sufrir. Por esta razón nos apegamos y aferramos a cosas, ideas, creencias, personas y hechos, a los cuales asignamos la virtud de hacernos sentir bien y ayudarnos a no sufrir y a ser felices.

Nos creemos con derecho a la pura felicidad y detestamos el natural sufrimiento de la vida porque tenemos un yo tan grande que no es capaz de verse en estados deplorables y desolados. La autoestima, de la que tanto nos habla la literatura de la psicología barata, es precisamente el combustible para hacer creer al yo que tiene derecho y necesidad de tener una vida diferente a la que ya tiene.

La Tercera Verdad de Buda nos dice que es posible superar el sufrimiento si entendemos sus verdaderas causas. Y la Cuarta Verdad nos propone un sendero para lograr la satisfacción y una verdadera felicidad estable y continua, con la condición de cultivar la compasión por los demás y la sabiduría de ver lo que en realidad son las cosas de la vida.[8]

Todos sabemos que lo que ahora nos gusta y queremos puede convertirse en algo que nos desagrada y ya no deseamos. Y, por el contrario, ahora podemos disfrutar muchas cosas que antes nos eran desagradables. Cuando nos vemos afectados por la insatisfacción, la ansiedad y la frustración buscamos muchas maneras de combatirlos y aliviarlos. En un sentido riguroso, cuando logramos aplacar un sufrimien-

---

[8] Para un estudio más profundo del budismo en general y las Cuatro Nobles Verdades en particular se recomienda el libro *El Budadarma, una estrategia para vivir mejor*, de Kalama Sadak. Editorial Pax México, Serie Bodhi. México, 2011.

to o un estado de insatisfacción, lo único que hacemos es posponerlo por un tiempo, a veces sumamente corto. Tenemos hambre, comemos y en unas cuatro horas más volvemos a tener hambre. Estamos cansados, dormimos, descansamos y nos volvemos a cansar. Debajo de cada placer y satisfacción en la vida (comer, caminar, sentarse, trabajar, bañarse, platicar, estar de ocioso, entre otras) nos está esperando su contrario. En el placer hay dolor, en el dolor hay posibilidad de estar bien; aunque obviamente que lo mejor siempre viene después de superar un estado de sufrimiento: el alivio, esa sensación de que estamos bien.

Para la doctrina del budismo, los estados de insatisfacción, agresividad y sufrimiento nacen de la ignorancia. Si de verdad supiéramos cómo es la realidad no tendrían sentido alguno esos estados mentales negativos. Pero ¿de dónde nace esa ignorancia? No es tan complicado de saber: nace porque estamos limitados, por nuestros deseos e intereses sumamente personalizados, centrados en el yo. Ignoramos, es decir, no vemos, no aceptamos, que somos parte de los demás, que dependemos y que somos resultado de muchas circunstancias y personas que cuidan de nosotros: no sabemos que somos parientes de todos y de todo.

El yo sobredimensionado no está de acuerdo con la interconexión con el todo porque cuando comprendemos este tipo de relaciones descubrimos que lastimar a alguien es lo mismo que lastimarnos a nosotros mismos. Si sólo me importa e interesa lo que me sucede a mi destruimos las miles de redes que me interconectan con los demás. En otras palabras, cuando únicamente pienso, hablo y actúo en favor de mis intereses, arruino mi propia universalidad, lo que está en mí de los demás.

Cuando sobre todo pensamos sólo en el yo, es natural que nos concentremos en los peligros y amenazas que podemos sufrir. Por eso vivimos menos experiencias agradables en un estado defensivo. Es la típica preocupación –es decir, la actitud de ocuparnos de algo *antes* de tiempo– que todos sufrimos cuando pensamos en nuestros deseos. La continua preocupación nos mantiene tensos, cortados y fuera de nuestro centro natural, lo cual afecta todas nuestras relaciones humanas: estamos en guardia permanente por lo que los demás puedan hacernos. Con esta actitud es muy fácil considerar a los demás como potenciales adversarios y no ver la decencia y la amabilidad que existen en la mayoría de las personas.

La idea de que "los otros" están separados de nosotros mismos es la base de las falsas percepciones. Desgraciadamente, es una idea tan fuerte que gobierna todo lo que pensamos, decimos y hacemos.[9]

El sentimiento y la percepción de un yo distante y enfrentado a los demás se retroalimenta como una compulsión inconsciente que parte de la idea de que esa es la única manera de consolidar nuestra identidad en un mundo anónimo y fuertemente competitivo. Es así como la mente egoísta, la materia prima para el ego, se multiplica a sí misma formando actitudes de defensa, tensión y contradicción frente a todo lo que nos rodea. No es de extrañar que, en la medida en que la separación del yo crece y se profundiza, los estados de agresividad e infelicidad aumenten en la misma proporción.

Cuanto más se alimenta en las familias, en los sistemas de educación, en el mercado y en los medios de comunicación

---

[9] Vea Eckhart Tolle, *Una nueva tierra*.

masiva la idea de que el yo tiene que contraponerse a los demás para ser exitoso, feliz, reconocido y triunfador, más infelicidad se genera, pues esa separación del yo no puede sino acarrear soledad, frustración y ansiedad.

A las personas comunes cada vez nos cuesta más trabajo reconocer los momentos tal y como son. Creemos que la oposición entre nuestra persona y el medio que nos rodea es un destino preestablecido por la historia, o por una divinidad, y que por eso sufrimos inevitablemente de vacío y de carencias. Tenemos que darnos cuenta de que estas percepciones son falsas, de que nos engañan y nos engañamos.

El sufrimiento nace y muere dentro de nosotros y en gran parte es producto de una mente agresiva que se ha creído el cuento de que tiene que defender su yo de un mundo que es inherentemente amenazador e, incluso, que sólo desea aprovecharse de sus buenos sentimientos y de sus buenas obras. Precisamente es esta situación la que mejor explotan los autores de la superación personal. Ahora, cuando lea un libro de esta corriente, ya sabe por dónde le podrían pegar y chantajear.

¿En verdad somos tan infelices?

Si partimos de que el mundo es un espacio hostil, entonces es necesario crear sistemas defensivos que procuren conservar y, en los casos exitosos, incrementar todo aquello que forma mi yo (nombres, patrimonios, relaciones, creencias y todo aquello que forma la identidad). Al tratar de evitar los embates de los enemigos, nos atrincheramos en nuestras propias jaulas. Es como si de verdad creyésemos que el mundo, y básicamente las personas que están muy cerca de nosotros, es lo que nos hace sufrir. Así justificamos huir emocionalmente de ellas, no enfrentarlas o ignorarlas, según nos dicte nuestra propia personalidad.

Todo el pensamiento que rodea la literatura de superación personal indica que una buena parte de nuestros problemas se deben a los enemigos externos. La verdad es que esta percepción, me permito subrayarlo una vez más, es un sutil engaño. El único enemigo que tenemos, el que nos hace sufrir, es el que está dentro de nosotros: al reaccionar de manera tan inconsciente, con base en los hábitos y patrones mentales preestablecidos, creamos un mundo exageradamente amenazador.

Nuestras reacciones defensivas, el buscar culpables de nuestro sufrimiento, son actitudes automatizadas frente a un mundo al que le hemos adjudicado la característica de ser peligroso, lleno de personas malas y de nefastas intenciones.

Con el tiempo formamos una colección muy amplia de reacciones o actitudes mecanizadas y condicionadas, lo que nos lleva a construir una falsa imagen de lo que somos realmente. A esta colección de falsos pensamientos, que se defienden de antemano a las amenazas hipotéticas, Guy Finley la llama el "enemigo íntimo" o interior.[10]

La clave para entender el proceso de fabricar nuestros propios sufrimientos por medio de incorrectas percepciones de la realidad está en la manera en que funcionan los hábitos mentales. Precisamente una de las causas por las que la mayor parte del tiempo estemos estresados, insatisfechos y medio enojados es la acelerada actividad mental que tenemos, sin darnos cuenta.

Es decir, sin percatarnos de los pensamientos obsesivos ensimismados e intensivos que cruzan la mente de modo in-

---

[10] Su memorable libro tiene precisamente este título: *El enemigo íntimo.*

consciente. La costumbre de tener esos pensamientos los hace parecer como naturales y familiares. Estos pensamientos habituales casi siempre están referidos a nuestros deseos, a todo aquello que consideramos que tenemos derecho a tener, con la idea de que al obtenerlo, ¡por fin!, seremos felices y estaremos satisfechos con las condiciones que la vida nos ofrece. Pero desear algo o, en su caso, detestar algo, conduce inevitablemente a la ansiedad: a una eterna búsqueda por tener o no tener aquello que nos falta o aquello que nos sobra.

Muchos de los pensamientos obsesivamente ensimismados aparecen como un "deber ser": son resultado de comparar permanentemente lo que somos en este preciso momento con el modelo mental ideal que tenemos de nosotros. Obviamente, la realidad de nuestra pequeña vida se ve ensombrecida por el avasallador modelo del hombre o de la mujer que debemos ser. Entendamos un poco mejor este asunto. Estimado lector, si usted observa lo de afuera verá personas (que van y vienen), cosas (casas, calles, vidrios, ropa...) y circunstancias (pasadas, presentes y futuras). Sí, lector, fuera de usted hay una realidad que puede tener tres caras: condiciones "buenas" y positivas, es decir, correctas para estar en paz, para progresar y estar bien; condiciones "malas", peligrosas, negativas y difíciles. Y las condiciones neutras, ni buenas ni malas.

La felicidad y el sufrimiento dependen de cómo usted reaccione (cual es su actitud) frente a las condiciones buenas, malas o neutras que le tocan vivir como experiencias de la vida; por eso la felicidad y el sufrimiento son estados internos.

Esta es la clave de todo el asunto que estamos comentando desde hace varias páginas.

Nada se puede hacer frente a lo que ya sucedió. Reaccionar al pasado con ansiedad, estrés y miedo sólo aumentará nuestros estados mentales de infelicidad, sin aportar a la solución del problema. Por eso, si logramos aceptarnos tal y como somos, sin sentirnos faltos o sobrados de algo, estaremos centrados en esa realidad y, aunque se trate de condiciones negativas, podremos conservar la mente lúcida y reconfortante. En otras palabras, podremos ofrecer una respuesta más objetiva y realista a los conflictos que todos experimentamos.

Permítaseme exponer un ejemplo muy drástico pero que resume bien lo que he querido decir. Imagine que va usted por una carretera de alta velocidad y de pronto frente a usted hay un aparatoso choque entre dos autos; hay personas heridas. Usted se detiene para avisar del accidente a los autos que vienen detrás. De uno de esos autos baja un médico que, evidentemente, no entra en pánico ni se escandaliza; algo apurado pero plenamente atento, sabe bien que tiene que auxiliar con una actitud muy fría pero realista: primero los más graves, después los otros. Aunque todos están heridos, su elección es consciente y observa lo mejor que puede a cada uno de ellos; los atiende siguiendo esa regla. Su mente está enfocada en salvar la vida, todo lo demás no importa. En cambio, otra persona no calificada se baja de su auto y empieza a gritar desesperadamente, a decir puras tonterías y sufre un ataque de histeria y ansiedad. Esa persona será, sin duda alguna, un estorbo para el trabajo de las mentes que sí son capaces de manejar este tipo de amargas experiencias. El tipo de actitud que asume una mente como la del médico es lo mejor para enfrentar las circunstancias negativas del accidente; la mente de la otra persona es la peor mente que se puede tener en esas condiciones.

Pues bien, casi siempre reaccionamos como la persona histérica y ansiosa, de modo inadecuado frente los múltiples problemas que tenemos. Nos ponemos neuróticos, a veces hasta gritamos y manoteamos, como si de este modo pudiésemos resolver el problema. En efecto, desgraciadamente muchas veces somos como esa persona incapacitada para auxiliar en el accidente automovilístico y no tenemos hacia donde dar la vuelta, literalmente hablando.

¿Por qué actuamos tan mal frente a los problemas? Sin duda es por la exagerada presión que aplicamos a la mente para que busque las respuestas a nuestros incontables deseos. Acumulamos un montón de pensamientos y deseos que nos separan de las condiciones reales de la vida y nos conducen al campo de la fantasía, de la nostalgia (el pasado) o de las ilusiones (del futuro).

Como bien plantea el Dr. Augusto Cury, la vida urbana imprime una velocidad exagerada al tráfico, a las actividades laborales, a los estudios, a la familia. De ahí que nuestro pensamiento también se acelera y constantemente se ve enfrentado a los límites naturales de nuestra capacidad física y emocional para soportar las presiones asociadas con este tipo de comportamiento. A la separación del yo respecto de los otros, que es un primer enfrentamiento, hay que agregar ahora los pensamientos obsesivamente acelerados. Dados estos dos fenómenos no es extraño que cotidianamente suframos estados de irritabilidad, insatisfacción, una aguda incapacidad de concentración y atención, fatiga y mal sueño. Todo esto se resume en algo que podríamos llamar saturación emocional y mental. Una mente obscurecida por la ignorancia, es decir, que no entiende que uno no esta separado de los demás y que son los pensamientos neuróticos lo que nos hace sufrir, es incapaz de observar cómo se provoca

daño a sí misma y, peor aún, no tiene ninguna habilidad
para ver el sufrimiento que causa a los demás, que desgraciadamente casi siempre son las personas que más lo estiman y
que más cerca están.

Actualmente el sufrimiento mental es una verdadera epidemia que ataca a todas las personas, independientemente
de su clase social y de su cultura. Es una enfermedad que se
expande en la medida en que crece la importancia social y de
mercado del ego, del yo, y de los deseos individualistas. Es
exactamente el equivalente a la contaminación ambiental,
pero en las mentes.[11]

Todo ser humano más o menos normal desea evitar el sufrimiento mental y el dolor físico. Actuamos instintivamen-
te contra ellos de modo inmediato. Esquivar el sufrimiento y
el dolor se ha constituido en una analogía de estar en paz
y sanos. Por eso, aquellas personas que logran reducir al mínimo las perturbaciones mentales y las imperfecciones bio-
lógicas se identifican con la sabiduría. Aunque todos sabemos que el sufrimiento y el dolor son inevitables, también
sospechamos que somos muy débiles como para superarlos.
Siempre que hay sufrimiento en nuestras vidas; tendemos a
sentirnos deprimidos y tristes, por no mencionar la fuerte
desilusión que experimentamos por la vida misma. Siempre
hay algo que se pierde y nos duele: fallece un ser querido,
perdemos un buen trabajo, no podemos viajar a donde deseamos y así por el estilo.

Para Eckhart Tolle la infelicidad es la combinación de
una emoción negativa, surgida de una mente perturbada o
de una aflicción sentimental, con una historia triste de verdad. Las historias son relativas, es decir, lo que para una per-

---

[11] Vea Eckhart Tolle, *Una nueva tierra.*

sona es doloroso, para otra no lo es. Las emociones que se generan en las historias tristes, que todos hemos vivido, son el combustible para los pensamientos obsesivos ensimismados y los patrones mentales de sufrimiento. Este proceso intensifica la neurosis, la ansiedad y el estrés en cada uno de nosotros. La mayoría de las personas no sufren estos síntomas por propia voluntad, sino que sucede de modo automático cuando nos aferramos con mucha fuerza a los hábitos de apego o de aversión de los cuales ya hablamos.

Lo que podemos afirmar es que el dolor reflejado en el cuerpo tiende a manifestarse en la mente como un sufrimiento exagerado. Sin lugar a dudas, somos muy buenos para buscar argumentos y justificaciones para sentirnos mal, tensos, ansiosos o con miedo. Porque sabemos que eventos a veces muy insignificantes pueden alterar todo el carácter; después nos damos cuenta de lo mal que reaccionamos a los problemas propios de vivir en sociedad, con otras personas que simplemente no son lo que deseamos. Nuestro sufrimiento es como un superávit, un excedente de nuestras emociones exageradas frente a las cosas de la vida, que para otra persona podrían causar una actitud de indiferencia o una pequeña sonrisa relativamente cínica.

Creemos que la contradicción entre nuestros tremendos deseos egoístas –que siempre se acompañan de los pensamientos obsesivamente ensimismados– y lo que nos puede ofrecer el mundo exterior e imperfecto es lo que más nos produce la sensación de insatisfacción. Nunca llegamos a estar centrados y completos porque siempre falta algo por tener, algo que quitar, algo que conquistar. Los medios de comunicación masiva, en especial la televisión y el cine, han venido a fomentar esta contradicción entre los deseos (que no son más que modelos ideales y perfectos de ser, estar y vi-

vir) y la realidad. Se ha comprobado que las personas que
ven más de cuatro horas diarias de TV tienden a sobrestimar
el éxito y la riqueza de los demás y, por ende, tienden a subestimar sus propios logros y su patrimonio. Es lógico que
los televidentes se sientan menos felices, dado que observan
sus ingresos y su calidad de vida a través de una comparación
sumamente desventajosa.[12]

El impacto de la televisión es apenas un ejemplo de cómo
la mente realiza ciertos procedimientos cuyos resultados
pueden ser la felicidad o su contrario. Lo mismo ocurre
cuando idealizamos el pasado, cuando imaginamos que la
felicidad está en otro lugar o en otro tiempo, cuando fan-
taseamos que nuestros padres son otras personas o no deseamos aceptar con todas sus implicaciones el presente que
vivimos. Entonces la mente vaga por otros tiempos y espacios. Y después nos quejamos porque olvidamos dónde dejamos el llavero, apagar la estufa o tropezamos con una pie-
drota en el camino.

Si la mente se separa del cuerpo, si el yo social se siente
en un mundo enemigo y andamos como locos haciendo que
nuestros deseos de apego (adhesión) o de aversión (rechazo)
se cumplan según nuestras propias recetas y carencias imaginarias, nos perdemos el lujo de vivir la vida tal y como es.

Ya lo decía acertadamente Milan Kundera,[13] cuanto mayor es el tiempo que hemos dejado atrás, más irresistible le
parece a la mente un regreso. Es como una lucha titánica
contra el tiempo para que camine como cangrejo. En vez de
apreciar cada instante como una joya que concede paz y
tranquilidad, añoramos recuerdos –la mayor parte de los

---

[12] Vea Richard Layard, *La felicidad*.
[13] Vea su novela *La ignorancia*.

cuales, por cierto, son falsificaciones de una memoria atolondrada por los deseos y la infelicidad. Al negar el único tiempo que tenemos, que es el presente, negamos nuestra propia vida real y la convertimos en sombra de los deseos egoístas que siempre se empatan con el pasado y con el futuro. En ninguno de estos dos tiempos es posible encontrar el centralidad de la existencia.

Casi siempre el andar perdidos, no ubicados en el momento presente, aparece como un mecanismo psicológico para huir de la infelicidad. No queremos sentirla ni verla, mucho menos vivirla. Por eso huimos a donde creemos que podemos estar mejor. Tal tragedia nos aturde, tanto que nos hace olvidar quiénes somos.

Por esta razón, cuando queremos estar frente a nosotros mismos, no nos encontramos. Hemos perdido mucho tiempo y las simulaciones son tan familiares que de verdad nos la creemos. Entonces terminamos en un simulacro de lo que creemos que es la vida: sentimos mucho miedo de cambiar.

Nuestra infelicidad es un invento de la mente a la que hemos dado poder cotidiano y todo el derecho de ser real y palpable, hasta el punto en que nuestro cuerpo lo resiente.

Los errores se pagan

¿Por qué algunas personas son felices y otras no? Es más, ¿por qué la infelicidad parece lo más normal del mundo? Desde hace muchos siglos, quizá desde el estado más primitivo de los seres humanos, las emociones más fuertes han sido una reacción a aquello que pone en peligro nuestra vida. El miedo, la ira, el coraje y la codicia respondían a un contexto de enfrentamiento con grandes mamíferos carnívoros, (éramos su platillo favorito) o a la defensa de los territorios en contra

de otras tribus. Estas emociones fueron la base del progreso
humano, nos hicieron desarrollar tecnologías y armas de defensa que dieron viabilidad reproductiva a los humanos. Pero
unos seres humanos desarrollaron más habilidades defensivas
que otros. Todo era cuestión de sobrevivir.

Con el tiempo desaparecieron los peligros de los bosques,
valles y selvas pero no nuestras emociones defensivas y ofensivas de supervivencia. Sin lugar a dudas, hoy ya no tenemos
los peligros de la era primitiva; ya no es tan difícil sobrevivir
en sociedades industriales que tienen un sector muy grande
de servicios y de apoyo a las necesidades básicas.

Aquel temor que era básico para sobrevivir se ha transformado en miedo de existir; la ansiedad, el estrés y la angustia
han derivado sin tener una base real. Ahora se producen por
el enorme esfuerzo que realizamos para llenar nuestras carencias o deshacernos de lo que nos sobra. Ahora la codicia
y el odio se producen cuando no se cumplen nuestros deseos. Y crecen en proporción directa al tamaño de lo que
queremos: cuanto más inalcanzables son nuestros deseos,
más codicia y odio nacen en nuestros corazones.

El error es increíble: creemos que la felicidad está en función de que cada vez más deseos se nos cumplan, cuando el
resultado es precisamente lo contrario. Mientras más deseo,
más sufro. Ésta es la más común de las enfermedades de la
mente hoy en día.

La psique se encuentra permanentemente en una tensión
terrible porque le obligamos a diario a superarse a sí misma
con el objetivo de realizar nuestros a veces inauditos deseos.
Ésta es la base de toda la literatura de la superación personal.
En el fondo de estas conductas apostamos al desarrollo de
un ideal del yo que sea motor de cambios teledirigidos por
las diversas propuestas contenidas en los libros de superación

personal. Por tanto, lo que nos empuja a no estar centrados en lo que ya somos son las insatisfacciones que surgen cuando nos comparamos con modelos ideales que sólo existen en papel y en el imaginario de los profesionales del *marketing* y de la psicología *light*.

El grado de infelicidad depende del nivel de ansiedad, tensión y estados mentales negativos que se generan cuando nos alejamos de la vivencia del momento presente. A su vez, la causa de este alejamiento se encuentra en la simpática creencia de que lo más importante de nosotros todavía esta por llegar. Entonces debemos ir a buscar esas cosas que nos faltan para ser verdaderamente felices; ello quiere decir no estar en el aquí y en el ahora, sino en el allá. Como eso que buscamos difícilmente se encuentra, entonces sufrimos porque somos unos fracasados: cuanto más convencidos estemos de que para lograr la felicidad tenemos que ir en busca de más cosas, más infelices seremos.

Pero, por otro lado, podemos afirmar que el sufrimiento tiene también su lado amable y creativo. Todo ser humano lo experimenta porque es una de las condiciones básicas para poder considerarnos humanos. El sufrimiento nos hace humildes, compasivos y nos enseña, nos refleja, nuestra propia realidad –en la que vivimos y en la que estamos muriendo. Es necesario experimentarlo para poder tener plena conciencia de su superficialidad.

El problema es que, la mayor parte de las veces, no sabemos qué hacer o cómo enfrentar el sufrimiento de manera asertiva, es decir, en tiempo y forma. La relación de la mente con el sufrimiento es algo extraña. Por ejemplo, cuando nos duele el estómago, inmediatamente consultamos a un médico. Cuando se nos descompone el auto, vamos al taller mecánico. Cuando tenemos hambre es natural que vayamos a la cocina y comamos algo. Ante la mayoría de las necesidades sabemos qué hacer, con quién ir y cómo conseguir el satisfactor correspondiente. No es así cuando sufrimos. A veces nos vamos de compras compulsivas para distraerlo o tomamos alcohol para olvidarlo, prendemos la televisión para fugarnos o simplemente tomamos una o dos aspirinas. ¿Se ha dado cuenta, lector, de que cuando sufrimos buscamos salidas que no tienen nada que ver con la solución? Como se dice: resultan peor los remedios que la enfermedad.

Hemos ocultado y subvaluado tanto el sufrimiento o lo hemos exagerado y sobrevaluado a tal punto que éste se ha ido a refugiar a los archivos secretos de nuestra memoria, a nuestro inconsciente. Los sufrimientos son como miembros de una pandilla de delincuentes que nunca se sabe por dónde van a salir y mucho menos por qué actúan a veces de forma tan violenta e insensata. Como toda pandilla de los barrios bajos, tratan de demostrar el poder delimitando territorios y zonas de influencia. Delimitan los espacios geográficos y las relaciones humanas: si una persona me hace sufrir, procuro no estar con ella; si por el contrario me hace feliz, busco su compañía. Las fronteras emocionales y mentales nos impiden expandir las experiencias de la vida más allá de las fronteras previamente establecidas por el dolor y el sufrimiento.

La desgracia está hecha de un acumulado intensivo de sufrimientos confinados en un almacén cuyas paredes, suelos y techos son conceptos, ideas, pensamientos, creencias y hábitos. Cuantas más altas son las paredes de ese almacén mental, más solos y tristes nos vamos a sentir pues más lejos percibiremos a los demás. Escondidas debajo de nuestras historias, de nuestros muebles, de nuestros horarios o maneras de vestir y actuar, se encuentran nuestros sentimientos. Estamos hechos de elementos que ha creado la mente. Por tanto, cuando la percepción de la realidad es incorrecta, las patologías nacen como respuesta a nuestros propios engaños.

El estrés: estamos algo perdidos

Como deseamos huir del sufrimiento creemos que conseguir la felicidad y la paz es el verdadero problema en la vida. Ver como problema el ser feliz, es exactamente el problema.

Si partimos de que la felicidad se "consigue" como ese algo que tanto hemos anunciado que nos falta (la carencia existencial) entonces estamos buscando en un lugar inadecuado: la felicidad y la paz no se pueden conseguir en ningún tiempo y en ningún lugar, porque sólo existen en el interior de los seres humanos. Ya existen, no se ha ido a ningún lado, son parte inherente de nuestra propia naturaleza. Usted le puede llamar presencia del Espíritu Santo si es cristiano; si es musulmán puede decir que es el aliento de Alá; si es budista quizá le gustaría decir que es la budeidad inherente. Si no cree en nada de esto puede decir que la satisfacción y la paz interna en cada ser humano es su naturaleza propia.

En este contexto se dice que la ignorancia es la base donde nace el sufrimiento. Ya sabemos que el sentirnos separado de los otros, con un yo existente por sí mismo; el creer que somos el centro del universo y el buscar que los deseos nos procuren la felicidad son las condiciones que hacen del sufrimiento un estado permanente de la existencia. Cuanto más alejados estemos de la presencia de la paz y de la satisfacción, es decir, cuanto menos consecuentes sean nuestros pensamientos, palabras y acciones con esta naturaleza humana, más experimentaremos sufrimiento.

En otras palabras, a mayor distancia entre nuestros estados mentales y la naturaleza interna de paz y satisfacción, mayores luchas, truenos y fatiga habrá en nuestras vidas: es imposible luchar contra la naturaleza humana de ser felices y no sufrir. En la medida en que no somos felices nos divorciamos de nosotros mismos, por eso más tensos y ansiosos nos sentimos. Qué paradoja, ¿no? Mientras más buscamos, más estresados estamos, y por ende, más infelices somos.

A las órdenes de un yo egocéntrico, obviamente, todas las personas que nos rodean se convierten en potenciales competidores. Ellos y ellas se pueden convertir en enemigos de nuestros deseos, obstáculos formidables para realizarlos. Por eso al desear aquello o lo otro andamos atropellando con nuestros pensamientos, palabras y acciones a los demás. Deseamos lo que no tenemos y, cuando lo logramos, ya estamos deseando otra cosa. Todos tenemos uno que otro amigo(a) que vive acelerado(a), siempre muy ocupado en múltiples tareas a la vez, con tiempo apenas justo para comer. Cuando le llamamos nos dice:

—Espérame, tengo otro asunto... yo te hablo.

Tendemos a pedir aquello que por derecho creemos que debemos tener. Casi todo nuestro carácter y la personalidad que nos define están determinados por la manera en que pedimos las cosas. Si lo hacemos con arrogancia, somos unos autoritarios; si lo hacemos calladamente, somos unos introvertidos, y así por el estilo. Dime cómo pides las cosas y te diré quién eres.

Mientras más deseos tenemos, más recelosos nos volvemos hacia los demás. La guerra interna que se establece entre nuestros deseos y la presencia inevitable de los demás, se convierte en un intenso conflicto. Estamos como perdidos porque, contradictoriamente, los deseos sólo se cumplen con ayuda de los otros pero, al mismo tiempo, a esos otros los percibimos como el principal obstáculo para la realización de los deseos. Es como estar atrapados en dos frentes, cada uno tratando de eliminar al contrincante. Al sentimiento de carencia se suma la sensación de estar perdido en una guerra civil dentro de cada persona. El caos y el desorden del mundo no son más que un reflejo fiel, y directamente proporcionales, de nuestros propios conflictos internos.

La carencia de algo, el conflicto interior y la forma desordenada en que nos movemos en la vida, nos han convertido en seres preocupados por estar bien, encontrar la paz y la felicidad. Somos rehenes de nuestros propios engaños y nos histerizamos buscando desesperadamente las respuestas que, según nos han dicho, o hemos leído, requerimos para llenar aquella carencia, para ganar la guerra interna y para poner orden al caos.

Nos sentimos cada vez más vulnerables porque no logramos cumplir los programas que nos hemos propuesto para alcanzar nuestras metas y objetivos. Es de lo más común escuchar a las personas que su misión en la vida no se ha realizado. Y es que hay una curiosa patología en creer que cumplir un programa previo de superación personal o aplicar una que otra técnica para cambiar el comportamiento ya podemos sentirnos bien y en paz. Más aún, ahora estamos en el umbral de creer que todo lo que hacemos, comemos y pensamos, nos puede matar. Basta mirar las miles de causas que producen cáncer para entender lo que estamos diciendo.

Entonces, estamos perdidos: todo lo que puede darnos gozo y alguna satisfacción tiene una alta capacidad de hacernos daño: el sexo, un bistec, un buen cigarro, el café, tomar sol en la playa, comer papitas fritas y miles de cosas más. En un mundo en el cual los demás estorban, y donde casi todo podría hacernos daño, no es raro que el ego (esa imagen que me hago de mí mismo) genere una enorme separación. Estamos ahí pero no somos. Exactamente, esa separación es la que crea el sufrimiento. La codicia, el odio y la ignorancia nacen en el espacio existencial de esa separación. A su vez originan la irritación, el estrés y el nerviosismo que hoy padece más del 50 por ciento de la población en una sociedad moderna.

El sufrimiento del estrés no es más que un miedo escondido por sentirnos vulnerables en un mundo donde todo produce enfermedad, por decirlo de manera metafórica. Es energía retenida por la preocupación, que se manifiesta en una tensión de músculos y una perturbación profunda de la mente. Ahí, todo nos parece peligroso, fastidioso y muy poco interesante. Toda esta tensión es el alimento ideal para el sufrimiento y para convertirnos en órganos exageradamente sensibles a los problemas que nos depara la vida. El estrés neurótico –porque puede haber uno positivo en cuanto que nos pone a trabajar en algo que sí es importante– se alimenta también de pensamientos negativos y de aflicciones sentimentales. Por eso, las historias y circunstancias de las personas estresadas tienden a ser un verdadero drama. Claro que este drama no es más que una adicción a los estados de infelicidad que achacamos al mundo que nos tocó vivir.

Porque ser neurótico, estresado e infeliz es también una identidad del ego. Por cierto, hoy se estiman como grandes virtudes por las empresas e instituciones que saben que una persona estresada rinde más a corto plazo que una persona relajada. Aunque a largo plazo, el estresado reviente en una patología grave del corazón, en esquizofrenia o en una depresión crónica, que es lo que sucede cuando trabajamos más de 14 horas diarias y tomamos cada problema de la vida demasiado en serio.

Los dos estados mentales negativos más comunes hoy en día, que afectan a un gran porcentaje de la población, son la depresión y los ataques de pánico. Responden a tres causas que ya hemos expuesto, pero que ahora nos resultan más claras de comprender:

1. Falta de estimación y compasión por la existencia como tal.

2. Un sentimiento de falta de protección de parte de la familia, la comunidad o los gobiernos.

3. Una fuerte sensación emocional de estar fuera, distante, de un medio ambiente social cercano y seguro.[14]

Lo peor de los casos de depresión y pánico es que, además de presentarse en un creciente número de personas, cada vez se exteriorizan más en niños y jóvenes. La tercera causa de muerte entre los jóvenes son los suicidios. Estamos hablando de una situación muy delicada para muchas familias modernas.

Daniel Goleman dice, con sobrada razón, que el siglo XXI será la Era de la Melancolía. La depresión, la tristeza, la nostalgia y la falta de proyectos de vida lúcidos y apasionantes parecen ser los elementos determinantes de los estados emocionales de hoy en día. Se trata de una clara crisis de intereses, de fe, de creencias y de capacidad para estar alegres y contentos. El desinterés por el presente se refuerza con un

---

[14] Vea Piero Ferrucci, *El poder de la bondad.*

vago sentimiento de nostalgia del pasado, casi siempre revestido de falsas imaginerías y trastocadas por los diseños de moda de la onda *retro.*

En otras palabras, hemos iniciado una fase global de desesperanza y de gran incredulidad en las capacidades sociales y espirituales que podemos cultivar las personas de carne y hueso. Asumimos como una tragedia el alto déficit emocional en que nos han hecho creer los ideólogos de la burda moralidad y los profetas falsos de la *New Age* o de las religiones fundamentalistas. Habría que sumar a esta situación existencial la grave expansión de los estados de pobreza y miseria que existen ahora tanto en los países desarrollados (cuya máxima expresión son los llamados *homeless*, hombres, mujeres y familias enteras que no tienen casa, alimento y ninguna prestación social) como en los subdesarrollados (donde se estiman niveles de miseria de más del 50 por ciento de la población). Los temores, la tragedia y la violencia son parte cotidiana de las noticias en la televisión. Incluso existen programas televisivos en su honor y en su consideración.

Aunque parece increíble, todas las sociedades, y sus respectivos gobiernos, parecen aceptar esta tremenda situación. Son tan recurrentes los casos de estrés, muerte por causas emocionales, depresión y ataques de pánico que parecerían fenómenos lógicos, familiares y naturales de la sociedad y de la condición humana. Nada más falso. Es correcto decir que cada vez más gente sufre de estos estragos emocionales, pero no significa que sea natural ser afectado por fenómenos de mentes perturbadas y de aflicciones sentimentales.

Por tanto, es necesario darnos cuenta que son los mismos pensamientos negativos —y un montón de circunstancias externas que los convalidan— los que generan el estrés, la depresión y el pánico. Se dan porque estamos perdidos: no tenemos parámetros reales para centrar nuestras vidas. Y ahí van la mente y el cuerpo, cada uno por su lado, hasta que estallan la crisis o la enfermedad que nos recuerdan, de modo agresivo, los dos principios de la existencia: no estamos separados de los demás y que el cuerpo y la mente no son dos cosas diferentes.

Cuando nuestros estados mentales están en función y dependencia de lo que sucede en el mundo exterior (que es lo más común), los pequeños cambios de "afuera" producen fuertes impactos en nuestra salud mental: las situaciones más o menos problemáticas se convierten en hechos insoportables. Todo se sale de proporción: estamos de nuevo perdidos. No es de extrañar que hoy en día se conozca una nueva patología psicológica llamada *burn out*, algo así como "quemadura interna", una enfermedad del espíritu, de la psique, que se desarrolla cuando la energía emocional y física se agota en esfuerzos inmoderados por alcanzar la felicidad y la paz. Su principal causa es querer tenerlo todo bajo control.

Cuando decidimos no sufrir más

La tensión que provoca el insistir en que nuestros deseos se realicen tal y como los hemos construido en nuestras egocéntricas mentes produce un estado perenne de tensión, choque y desencuentro. El sufrimiento y todos sus derivados (como la angustia, la frustración, la ansiedad, entre otros), afectan gravemente nuestra capacidad de análisis y discernimiento. Las preocupaciones cotidianas nos hacen vivir en el temor no sólo a la muerte, sino a los accidentes, a los vientos, a los elevadores, a las masas, entre otros. En muchas ocasiones las personas ni si quiera pueden salir de sus casas sin desmayarse. El estrés tiene como base el miedo. Nos preocupamos considerablemente porque aquello que no controlamos nos amenaza y es un obstáculo para la realización de nuestros deseos. Preocupación es temor. Por ende, a mayor estrés y preocupación somos menos capaces de manifestar cariño y comprensión.

Mucho del sufrimiento presente es producto de nuestras tribulaciones, que supuestamente tienen la finalidad de anticiparse a los problemas y darles solución ¡antes de que aparezcan! Aquí el pensamiento preventivo aparece bajo el formato de un desastre emocional. De hecho, cuando sufrimos con anticipación "algo" que suponemos que nos va pasar, tenemos que tomar conciencia de que son cosas que no han pasado y que en un 90 por ciento no ocurrirán. La adicción que tenemos a los pensamientos que ignoran la realidad es el factor clave para superar el sufrimiento, el estrés y la depresión.

Todo el esfuerzo que hacemos como seres humanos se reduce a que deseamos estar felices y no sufrir. Cuando encontramos algún satisfactor (por ejemplo, un buen restaurante o un lugar que nos gusta) queremos seguir atados a ese satisfactor. Tendemos a buscar gratificaciones instantáneas porque creemos que si un objeto nos satisface vale la pena retenerlo, y repetirlo. Precisamente la base de las adicciones (a las drogas o al alcohol, por ejemplo) es la idea de que una gratificación de corto plazo puede seguirlo siendo en el largo plazo. Como todos sabemos, este razonamiento suele terminar en tragedias y muerte.

Cuando nos apegamos a las gratificaciones que hoy están disponibles en nuestro medio social (digamos la televisión o las comidas rápidas, entre otras) lo que hacemos es fortalecer el hábito de buscar la satisfacción en cosas que a la larga son dañinas. Una persona puede buscar una gratificación —es decir, sentirse bien y satisfecha— en la comida pero si cree que existe una correlación entre la comida y el bienestar terminará con una grave obesidad (que hoy, por cierto, se ha convertido en un problema de salud pública).

¿Cómo se rompe con el hábito del sufrimiento? En primer lugar, hay que tomar plena conciencia de la resistencia que tenemos al cambio. Los hábitos mentales, las creencias y la familiaridad con actos egoístas que pretenden "dominar al mundo" para satisfacer nuestros deseos, se convierten con el tiempo en estructuras mentales. Hay que reconocer su fuerza. A esta fase del rompimiento del sufrimiento se le llama reconocer.

En segundo lugar habría que aceptarnos tal como somos. Estamos ya completos. Como decíamos, nada nos falta ni nada nos sobra. Debemos asumir que la realidad (así como es) es muy diferente a las ideas y pensamientos que tenemos. Aquí aceptación quiere decir reconciliación de dos tesis que hemos venido manejando: por un lado, que la separación entre el yo y los otros es subjetiva, no existe como tal; por el otro lado, que el cuerpo y la mente sólo están bien cuando son coherentes en el espacio, en el tiempo y en la atención.

Es necesario conocer y aceptar los pensamientos y emociones tóxicos, para darnos cuenta de que su funcionamiento, casi siempre muy habitual y familiar, sólo interfiere con la salud mental innata y en el equilibrio armonioso del cuerpo. Todas las emociones negativas parten de una percepción falsa de la realidad, perturban nuestros estados de calma y centralidad porque son energías alucinadas y caóticas surgidas de la simple y llana ignorancia.

Sentimos que nunca estamos completos, que tenemos crónicamente un faltante para estar centrados y bien. Tratamos los momentos de la vida como un obstáculo que se opone al futuro en el que sí estaremos bien y contentos: cuando tenga aquello, cuando termine esto, cuando me vaya para aquella ciudad, cuando encuentre mi pareja, cuando pueda comprarme una casa... Vivimos el tiempo como si nunca llegara.

Todo el sufrimiento de nuestras vidas se resume en un sencillo fenómeno: es la tensión, detención y manipulación de nuestra energía en vez de aceptarla y dejarla ir con soltura y paz. Lo que deseamos es desviarla para que responda a nuestros deseos e intereses. He aquí el por qué tantas cosas nos hacen sufrir.

El último paso, después de reconocer y aceptar, es transformar. Es decir, cuando aparece una perturbación mental o una aflicción emocional no mostramos resistencia, ni nos oponemos a esa energía, la dejamos pasar; tal y como es, algo que aparece, se desarrolla y luego desaparece. Cuando no generamos oposición al sufrimiento, éste tiende a no concentrarse, cambia. Al dejarlo fluir hacemos que la energía originariamente negativa se vierta en la vida como algo positivo. Hemos transformado, sin mucho escándalo, el apego y el aferramiento en flujo y devenir consciente.

Para estar contentos es necesario dejar en paz al sufrimiento. No es nuestro enemigo, es un simple estado de separación e imperfección. La libertad sólo aparece cuando reconciliamos la realidad con nuestros pensamientos. Liberarnos del temor y la angustia presupone reconocerlos, aceptarlos y transformarlos como lo que son: energías desconcentradas (y desconcertadas) de la conciencia. No debemos preocuparnos del viaje sino ocuparnos de las experiencias que vivimos a cada momento; hay que evitar el saboteo que hacemos a diario a la felicidad, que está dentro de cada uno y en ningún otro lugar.

4

Propuestas para el logro de la felicidad

Conservar lo que está bien

Es casi imposible que todo en la vida vaya mal. La vida misma es un claroscuro; cierto que hay tiempos en que las malas noticias nos inundan, pero también hay buenos periodos. En realidad todo es relativo, según el estado interno que tengamos, las condiciones que vivamos y el momento concreto que estemos pasando. Sin embargo a veces, cuando nos va bien, por razones extrañas, nos sentimos mal.

Existe un cierto temor a la felicidad, a estar contentos y alegres, por varias causas. La principal es que nos sentimos poco dignos de recibir esa gracia de la vida; toda nuestra educación –especialmente la cultura cristiana y católica– nos ha hecho creer que a la felicidad sólo se llega después de inmensos sacrificios, esfuerzos y pesares. Así que es muy natural que si logramos ser felices de inmediato nos brote un sentimiento de culpa, más aún al compararnos con los cientos de personas que sufren en esos momentos más que uno.

La segunda razón por la que no logramos apreciar los estados de felicidad es que nos parece un tanto insípida, trivial: con el inmenso estado de sufrimiento que hay en el mundo (por ejemplo, los niños africanos que mueren de hambre) nos parece que no tenemos ningún derecho de sentirnos felices. Es esa extraña sensación que se nos presenta al salir de una buena fiesta y encontrarnos con una persona media muerta de hambre tirada en la calle que con palabras agónicas nos suplica alguna moneda. De pronto nos sentimos quebrados por un evento que niega directamente la felicidad que teníamos.

Adicionalmente, como bien lo señala Piero Ferrucci, existe una sutil tercera causa que nos complica mucho disfrutar el estado de felicidad. Cuando una persona de una u otra manera logra superar el sufrimiento y empieza a gozar bien la existencia tal y como es, le nace un ligero pero profundo temor de que las personas que lo rodean comiencen a sentir mucha envidia y celos. Crece el miedo de terminar asilados o marginados del medio social en que nos desenvolvemos. Claro ejemplo de este drama es cuando el esposo, por ejemplo, logra estados de felicidad que la esposa no tiene. No es de extrañar que ella reproche al marido esa felicidad mientras ella lava los platos o atiende a los niños. La felicidad de uno tiende ha recrearse en el martirio de los que lo observan.

Otra razón, la cuarta, de que no podamos asumir tranquilamente la felicidad es la sensación, ésta sí correcta, de que ese estado es extraordinario, privilegiado y que, por lo tanto, no dura mucho. De ese modo creemos que si experimentamos la felicidad por algún tiempo, entre más dure, más será el sufrimiento que habrá cuando desparezca, cuando ya no estemos felices. Hay un dicho popular muy acertado para este caso: "mientras más alto vueles, más fuerte será el golpe de la caída".

La última causa, quinta, es un poco más fantasiosa y genérica. Se trata de ese temor que surge cuando estamos muy felices y creemos que tanta felicidad nos puede desintegrar, que vamos a estallar por la buena energía contenida. Es la sensación que experimentamos cuando creemos que el corazón se nos va salir del pecho de tanta alegría y gozo. Entonces preferimos refrenamos y nos autocensuramos. Sin lugar a dudas, es necesario hacer aquí algunas precisiones. El estado magnificado de felicidad es un evento emocional interno que, efectivamente, puede generar las consecuencias antes expuestas. El temor que surge cuando notamos que estamos felices es producto de una sacudida a nuestros estados normales y prolongados de inquietud y ansiedad. De ahí que tendemos a vivir la felicidad como un estado excepcional y extraordinario en nuestras vidas y, por lo tanto, más desconocido y extraño que otros estados emocionales con los cuales estamos más familiarizados. Por lo tanto, el miedo a la felicidad es el miedo a lo desconocido, a la aventura que nos puede proporcionar estar fuera de los campos del estrés, de la angustia y de la insatisfacción.

Para desbaratar ese curioso miedo que tenemos a ser felices, una de las mejores recetas es comprender que ese estado es la expresión más afinada de la quietud, más que una situación desbordada de placer y risas. La mayoría de las recetas de los libros de superación personal nos dicen que tenemos que sobreponernos a los sentimientos de culpa para poder gozar de esa felicidad. Pero este método es bastante difícil de cumplir: ¿cómo sobreponerse a la culpa si nace de la misma felicidad?

La respuesta está casi en lo contrario. Es necesario entender que cuando estamos felices es cuando somos más nosotros mismos. Entonces puede manifestarse, sin represiones y sin sublimaciones, lo que verdaderamente somos como personas singulares en un mundo desastroso. Por eso muchas personas a nuestro alrededor no podrán comprendernos, más bien creerán que estamos simulando una manera de ser. De hecho, ni nosotros mismos seremos capaces de sentirnos plenamente identificados.

La sabiduría antigua de los grandes maestros, como Confucio, Buda y Cristo, señala que sólo en los momentos de quietud, de apacibilidad mental, somos capaces de reconocer el reino que existe dentro de cada uno de nosotros. El estado de quietud, que se conquista a veces siguiendo un camino previamente señalado y en otras ocasiones de manera espontánea y fortuita, es posible únicamente en el presente cuando logramos darnos cuenta que la persona que somos (y que es totalmente transitoria tanto en cuerpo como en mente) sólo es efectivamente una forma de la divinidad interna que todos tenemos, por más "malos" seres que seamos o que hayamos sido.

La quietud interna puede reconocerse como un estado de felicidad "desapasionada"; algo así como un gozo ecuánime y tranquilo. Cuando los grandes maestros se refieren a la felicidad hablan más en el sentido de la paz interna, que de esa felicidad de las risas y de los placeres. Por eso, cuando estamos tranquilos, con la mente integrada al cuerpo, la conciencia asentada en el flujo natural del tiempo, sin resistir a sus ondas, y somos lo que somos, se logra una existencia que va más allá de las formas temporales a las que estamos acostumbrados. Dejamos de ser el esposo, el padre, el hijo o la hija, el empleado, el obrero, el oficinista, para ser nosotros mismos, sin identidad. La verdadera felicidad está en dejar de ser uno mismo. Todo parece como en su lugar porque todo está bien. Claro, en ese preciso momento, no otro.

La clave, como bien lo dice Tolle, es abandonar la resistencia interna a las cosas que nos incomodan, permitiendo que la vida sea lo que es. Esto no significa que no podamos estar en descuerdo con algunos sucesos que pasan en el mundo, mucho menos que no debamos esforzarnos para tener una mejor existencia. El abandono de la resistencia quiere decir fluir con lo que en este momento estamos viviendo, sin imponerle al presente un concepto, idea o pensamiento de cómo debe, y debería, ser. La aceptación del presente nos lleva a la tranquilidad porque ahí ya nada queda por hacer: ya fue.

Cada experiencia por la que pasamos en la vida, desde haber nacido hombre o mujer, haber crecido en un lugar específico, ser de una nacionalidad determinada, tener la familia que tenemos, el cuerpo que sobrellevamos, todo es así y no de otro modo debido a una compleja red de causas y condiciones en las que seguramente poco, muy poco, se puedo hacer. Nadie será aceptado, amado y comprendido exactamente de la forma en que quiere. Del deseo a la realidad existe una gran distancia que se llama ceguedad, ignorancia, porque el hecho de que no asumamos plenamente lo que *Es* simplemente nos hace desperdiciar lo que ya tenemos, aunque nuestros obsesivos deseos nos digan lo contrario: que no tenemos nada, y que nada vale la pena.

En el fondo de cada uno de nosotros, de usted, existe una ligera (a veces fuerte) esperanza de que nuestras relaciones con los demás, nuestra economía o nuestra manera de llevar la vida de día y de noche, sean más amables con nuestros deseos, para que todo lo que nos gusta sea más perdurable y satisfactorio. Pero ese empuje de esperanza, cuando se manifiesta, ya viene cargado de críticas y malentendidos. Primero porque seguimos sin comprender que, como actores sociales

–esa identidad casi siempre reconocida en un documento estatal– no somos nada excepcionales respecto al orden de la comunidad en que vivimos. No podemos esperar que los resultados de nuestras acciones sean positivos si estamos constantemente peleando con las personas o sucesos que nos rodean porque no son como queremos. La relajación que produce el desprendimiento de los deseos es similar al estado existencial que ya no manifiesta resistencia a la impermanencia. La valentía no reside en atreverse hacer cosas peligrosas sino en poder irse con la vida, con sus alegrías y con sus pesares. Por eso, el resultado de la liberación de las resistencias no es cosa del otro mundo. Cuando por fin ya no deseamos de modo egoísta alcanzar nada, entonces nos enfilamos al lado de todos los demás, ya no con la creencia de estar encima de ellos en la gloria exitosa del individualismo de la superación personal.

Exacto: dejó usted de lado sus deseos, las resistencias a lo que le ha pasado y le pasa. Ahora ya no tiene nada de qué preocuparse. Y nada es nada. Está tranquilo y en paz. Por fin, está libre de las enormes piedras que cargaba cuando está angustiado, apurado y desconcertado porque nada de lo que le rodea puede controlar. Acepte esa nada, ese escupitajo de la eternidad. Nada excepcional somos.

¿Cuál es la clave de los estados de felicidad? El primer elemento tiene una realidad física: la felicidad se encuentra en la corteza cerebral prefrontal izquierda; en la frente, arriba de nuestro ojo izquierdo. Pues bien, durante los años noventa del siglo pasado, algunos neurólogos, hartos de estar estudiando los estados infelices y depresivos de la humanidad, dieron un vuelco a sus investigaciones y decidieron estudiar la felicidad. Los experimentos al respecto han llegado a resultados asombrosos: el cerebro es maleable; los pensamientos lo pueden rediseñar biológicamente. Esta capacidad de cambio fisiológico se le llama plasticidad cerebral.

Además de descubrir dónde están las reacciones neurológicas y químicas de la felicidad, se dieron cuenta que las neuronas tienen capacidad de crecer y reproducirse, cosa que antes era inconcebible. También lograron demostrar que una persona con dominancia cerebral en el lóbulo frontal izquierdo tiende a enfermarse mucho menos y asumir los pesares con más tranquilidad, que otra con dominancia en el lado derecho.

Al respecto, le recomiendo leer el capítulo 21 del libro de Matthieu Ricard, *En defensa de la felicidad*. Y también le recomiendo el libro de Richard Layard, *La felicidad*, capítulo 2, donde se habla de Richard Davidson, neurólogo y especialista de la fisiología cerebral moderna, de la Universidad de Wisconsin, quién demostró en laboratorio que la felicidad es un estado material y objetivo (cosa que, por cierto, los budistas sabían ya desde hace 2,500 años).

Si la felicidad es un estado mental que resulta de pensamientos de paz y de emociones quietas, entonces podemos afirmar que el secreto de la felicidad reside en entender que para experimentar ese estado existencial habría que lograr una cierta emancipación de las situaciones o condiciones externas que se están viviendo. No se trata de "salir" de lo que estamos viviendo, sino de que estemos plenamente presentes en las circunstancias que vivimos generando una gratitud por esas circunstancias, independientemente de si son buenas, malas o neutrales. Hay que estar absortos en ese momento, sea cual sea la situación.

Confucio hace cientos de años había dicho que la felicidad no consistía en tener lo que se desea, sino en ¡querer lo que ya se tiene! Cuando dejamos en paz los pensamientos de anhelos –los que nos hacen desear esto o aquello... ahora hay que hacer una cosa, mañana otra... ya no hay tiempo y apúrate– logramos experimentar ese estado interno de felicidad. Recordemos que ésta no es más que un sentimiento que se experimenta sólo en el acto del presente. Lograr ese estado supone un inmenso descanso pues por fin estamos satisfechos con lo que hay: ya no corremos tras lo que creemos que debe de ser o lo que deseamos que ya no sea.

El grave problema que tenemos con el concepto de felicidad es que vivimos buscándola, muy ocupados y preocupados para lograr las condiciones que suponemos son parte sustantiva de ser felices. El sólo hecho de perseguirla, casi siempre de modo torpe y con ansiedad, nos impide encontrarla. De hecho, una de las claves es dejar de buscar: lo que ya está bien, hay que dejarlo así, sin añadir nada, sin quitar nada, como diría Kavindu, mi maestro de meditación.

Más sobre la felicidad

Entonces, si deseamos producir nuestra felicidad hemos de comprender que se trata de un estado interno, casi cerebral. Para que se manifieste como una constante es necesario tener claro que las condiciones exteriores solamente pueden disminuirla o aumentarla. El mundo externo no tiene ningún poder si no se lo damos.

En general podemos decir que existen dos grandes teorías o concepciones sobre la felicidad. La primera es la teoría hedonista y sensualista que afirma que cuando se alcanza el máximo de gozo, ya sea a lo largo de un tiempo (nivel horizontal) o en un profundo momento (nivel vertical), aparece la felicidad. La segunda establece que la felicidad es un estado existencial producto de haber encontrado significado a la vida como un todo por medio del esfuerzo, la perseverancia y las experiencias de fracaso y frustración. Esta teoría lleva el nombre de eudemonismo, derivado del griego *daimón* que significa algo así como "nuestro ser auténtico".[15]

La primera teoría, la del mayor gozo posible, queda bien en las cultura occidentales de los países desarrollados como Estados Unidos, en Europa y en ciertas regiones de Asia, como Japón y Corea del Norte, porque la máxima del hedonismo es enfocar toda la energía en el individuo haciendo que éste sea el centro de toda la sociedad, el mercado y el desarrollo personal. En cambio, la idea de que sólo sufriendo y fracasando es como se puede arribar, posteriormente, a los estados de felicidad y éxito, es más adecuada para las culturas de los países subdesarrollados, más cercanas a la idea del sacrificio como único camino a la libertad. México, países de África y de América del Sur, entre otros, tendrían este perfil.

De todas formas, se acepta universalmente que la única manera de llegar a un estado de felicidad es esforzarnos lo más posible por evitar el sufrimiento como un estado general de existencia. El querer ser felices y no sufrir es uno de los impulsos innatos más poderosos en la humanidad.

Curiosamente, se da una identificación entre la felicidad y las cosas que nos hacen sentir bien, como el estar bien alimentados y resguardados, saludables y, obviamente, acompañadas con las personas que amamos. Es decir, todo aquello que tiende a establecer las condiciones óptimas de felicidad son aquellas cosas que nos hacen sentir alegría y quietud; todas ellas ayudan a la supervivencia de la especie.

Por el contrario, todos aquellos eventos que nos hacen sentir mal, desubicados o que nos generan algún dolor físi-

---

[15] Vea Piero Ferrucci, *El poder de la bondad*, p. 240.

co y mental, son factores dañinos para la supervivencia, y en general, definen las condiciones más importantes para experimentar ansiedad, frustración y el mismo sufrimiento. El hambre, la deshidratación, la contaminación, las enfermedades, el desorden urbano, el estrés, el aislamiento y la soledad son cosas negativas para nuestra supervivencia.

Así que, con base en las correlaciones que se establecen entre estar bien y ser felices y estar mal y sufrir, podemos afirmar que la felicidad es una dimensión muy concreta y objetiva de nuestras experiencias mundanas, es decir, que se dan en la vida regular y cotidiana, tal y como nos lo demuestra ampliamente Richard Layard.

Si la felicidad es objetiva deben existir algunas técnicas y métodos para medirla. Por ejemplo, investigando la actividad eléctrica y neuronal de ciertas partes del cerebro. Tal medición es posible. Pero también puede observarse por medio de la investigación subjetiva. Sería algo así como preguntar a las gentes si son o no felices; más tarde iríamos con sus amistades y familiares y averiguaríamos sus diferentes percepciones al respecto: datos de su carácter cuando hay problemas, de su estado real cuando se levanta, cuando trabaja o estudia. Mediríamos los datos de su salud, el promedio de risas y corajes al día y otras cosas por el estilo. Así se podría realizar una gráfica donde los grados de felicidad, de bienestar, gozo y quietud estuvieran en la línea horizontal y, en la vertical, estaría un índice que puede llamarse de desapego o plasticidad existencial. La grafica demostraría que entre mayor sea nuestro desapego de las personas, cosas y eventos que deseamos, mayor será la felicidad que experimentamos. Esto es exactamente lo contrario de las incisivas propuestas de las técnicas de superación personal que nos dicen que para ser felices, exitosos, famosos y gozosos, tenemos que tener más cosas, incluyendo, más espíritu, más aventuras, más decisión, llenar lo que nos falta, romper con lo que nos sobra... en fin, ser alguien diferente del que ya somos.

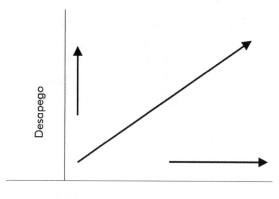

Grados de felicidad

Pema Chodron lo escribe de un modo más directo. "no tener nada a lo que aferrarse" es la raíz de la felicidad. No significa que no debemos tener nada. Más bien afirma que, se tenga lo que se tenga, lo que importa es la actitud o respuesta que experimentamos cuando las cosas, personas o circunstancias a las que nos hemos aferrado cambian, nos abandonan o desparecen. Esto es un punto central que destacamos en el tema de la felicidad.

La raíz de la felicidad es no aferrarse, apegarse o adherirse, a nada, porque todo es cambiante e impermanente. Por eso, el desapego implica aceptar plenamente que no tenemos control de nada, ni siquiera de las reacciones de nuestro cuerpo. Cuando dejamos en paz las tendencias egoístas del aferramiento a esto o aquello, entonces nos sabemos libres. ¿Libres de qué? De tener o no lo que nos gusta, de tener o no lo que no nos gusta. Con esa libertad podemos asumir que no sólo lo que nos rodea es cambiante e impermanente, sino que nosotros mismos lo somos también. De ahí que sea mejor no apegarnos a nosotros mismos pues tenemos la cualidad de ser variables e inestables. Pero el estadio de felicidad no sólo conoce un camino, sino varios. Las técnicas y métodos que podemos asumir para el logro de ese estado emocional y mental dependen del carácter de cada uno y de nuestras condiciones familiares, regionales, educativas, religiosas y morales. Para algunos la felicidad se consigue practicando la caridad; para otros siendo buenos trabajadores, padres o excelentes estudiantes. Para otros más esa felicidad se encuentra en el crecimiento espiritual. No importa el camino, lo cierto es que la felicidad se consigue de varias maneras, no sólo de una.

Permítaseme recapitular: muchos de los obstáculos para la felicidad, como ya lo hemos expuesto, se deben a la ansiedad de lograrla. Depositamos nuestras esperanzas, por ejemplo, en la compra de una nueva casa, o de un auto, o tener una nueva pareja. A estas alturas del libro ya sabemos, por experiencia propia seguramente, que no es cierto. Esa felicidad de posesión y apego sólo dura un corto tiempo. Todo aquello que tiende a generar un estado de placer inmediato, como el alcohol o alguna droga, sexo o deporte, tienen como resultado un mal pronóstico: toda repetición intensiva de esos placeres llevan directo al sufrimiento. Los que hemos sido fumadores compulsivos sabemos bien de este mecanismo. Primero creemos que un cigarro nos da placer, pero después, dado el uso intensivo de ese gusto, caemos en la trampa de un mal pronóstico: buscando la felicidad quedamos atrapados en los malos hábitos. Nos esclaviza la idea de la satisfacción inmediata.

Muchos autores de la autoayuda han querido demostrar que lo que más nos estorba en el logro de la felicidad es el sentimiento de culpa, ya que sabemos que nuestras acciones están provocando sufrimiento (sea a nosotros mismos o a los que nos rodean); pero somos incapaces de detener esa acción habitual dañina. La culpa, de hecho, funciona aquí como un mecanismo de alarma; es la manera de darnos cuenta de que estamos haciendo cosas negativas.

Por tanto, la culpa no es enemiga de la felicidad, sino su aliada, si es que vamos a dejar de aislarnos de los demás. La felicidad personal depende de la felicidad colectiva. Así pues, cuando nos sentimos culpables es porque sabemos que estamos saboteando la felicidad de otros. No sentir culpa por nuestras malas acciones sería un error drástico respecto a generar condiciones para la felicidad.

Por tanto, si usted tiene malas acciones, ¡qué bien que se sienta culpable! Ese es el primer paso de la conciencia para salir de los problemas. No haga caso de las ideologías de la superación personal: con sólo querernos a nosotros mismos sin los demás, únicamente lograremos un gigantesco aislamiento, que seguramente terminará en una enfermedad, estrés agudo o una depresión profunda. Hay que sentirse bien con la culpa, es parte de la experiencia de la vida.

En este sentido lo que abría que decir es que, para liberarnos del sufrimiento y experimentar felicidad, debemos reconocer, sin pena y sin gloria, lo que ahora tenemos como cuerpo, como familia, como ciudad, como país. Aceptar que de eso estamos hechos y que no hay posibilidad alguna de cambiar algún elemento o parámetro que se haya dado en el pasado, cuyo resultado es la experiencia que hoy vivimos.

Primero aceptamos; después tenemos que desarrollar algunas habilidades para reconocer las causas y condiciones que son favorables al sufrimiento y aquellas que son buenas para la felicidad. Estas habilidades se sostienen en una actitud: estar presentes y alertas a todo aquello que surja y que se active hacia un lado u otro. A la actitud de estar atentos se le llama *percatación*. Es estar despiertos en conciencia. Es la herramienta esencial para detectar de modo preventivo cualquier estancamiento y presión emocional que provenga de los pensamientos negativos y ensimismados. Cuando estamos en un alto nivel de alerta iluminamos lo que antes era oscuro; ahí es cuando de verdad el estado del desapego se desarrolla en su máxima expresión. En esa posición de conciencia estamos capacitados para deshacernos de las cosas y las relaciones que de verdad no necesitamos.

El limpiarnos de cosas innecesarias nos permite contar con más espacios para los nuevos pensamientos y las nuevas experiencias. Porque, sin duda, muchas son las horas que desperdiciamos pensando y pensando cómo conservar e incrementar los bienes materiales y sociales que desbordan la línea de las necesidades básicas, que terminan por inundar los espacios de la soberbia, la competencia y de la identidad que se arma en función de desvalorizar a los otros. Cuanto más se posee mayores son las preocupaciones y la angustia de perder la situación social y personal que se ha conquistado.

En el mismo sentido, el tiempo juega un papel sustancial en la mecánica de la felicidad. Si creemos que en otro momento seremos felices (por ejemplo, cuando me case, cuando me gradúe, cuando tenga trabajo), entonces el tiempo nunca alcanza pues, al cumplir el inicial objetivo, inmediatamente nacen otro y otro: es el cuento de nunca acabar. Lo que nos complica la existencia es el abuso de los pronósticos fallidos, de las malas apuestas.

En cambio, cuando nos ponemos a la altura del tiempo, sin pedirle más que aquello que realmente sucede, podemos encontrar una simple alegría de vivir lo que es. Se trata de no "jalar" o empujar ese tiempo, mucho menos de resistirnos a él, sino de irnos en su flujo perpetuo, con una actitud relajada pero de asombro ante todo lo nuevo que aparece, crece, decae y desaparece: ésa es la base real y objetiva de una vida alegre. Aferrarnos menos a las cosas implica tener menos, pero así tenemos más tiempo para la conciencia y la experiencia de estar en interacción con los demás.

Por eso la filósofa oriental norteamericana, Chin Ning Chu, afirma que tomar conciencia del tiempo es una manera de aprovecharlo bien, tomando refugio en los minutos, en las horas que ya nunca más serán y haciendo las paces con nuestro reloj y nuestros horarios. Ello equivale a hacer la paz con nosotros mismos porque, si observamos bien, somos tiempo descargado en millones de historias, leyendas y cuentos.

Por tanto, si deseamos producir felicidad habremos de atender a los elementos que nos hacen sentir bien a nosotros y a los demás. Es pertinente decir que para realizar una buena obra, basta con observar si sus efectos son benéficos en el tiempo. Si es así, entonces es tiempo bien utilizado, agradablemente vivido, felizmente integrado a nuestra historia. Usted ya sabe que cuando obramos mal con el tiempo la culpa se convierte en una conciencia perturbada, en emociones afligidas y en el desastre que hacemos cada vez que perdemos la *percatación* de lo que estamos haciendo.

Es imposible cumplir todos nuestros anhelos; éstos tienden a multiplicarse hasta el infinito y a disparar nuestras más grandes expectativas y esperanzas. Deje de soñar, y entonces podrá soñar en paz.

Todos buscamos la felicidad por varios lados, pero pocos miramos donde seguramente existe en potencia: dentro de nosotros mismos. Afuera, no nos cansaremos de repetirlo, sólo hay condiciones favorables, desfavorables y neutras. No hay más elementos para una verdadera felicidad, de largo alcance y profundidad, que los que establecemos dentro de nuestra mente y en nuestras emociones. Esa felicidad que se manifiesta en actuaciones decorosas que son fuente de bienestar, sólo es tal en un campo previamente definido como paz mental, interna.

La paz mental implica superar de una vez por todas nuestras fuertes tendencias a vernos comprometidos en muy diversas batallas (a las que estamos tan bien acostumbrados). Siempre estamos atentos a los conflictos que surgen en nuestra familia, es la comidilla diaria, pero también nos enrolamos en los pleitos entre parejas, en el trabajo y hasta en la calle. Nos encanta digerir unos cuantos datos, a veces por cierto falsos e ilusorios y, con base en esta información, tomar posición a favor o en contra de alguien o de algo.

Hace muchos años, tuve un maestro de ciencias políticas que nos decía que el mundo vive en un "equilibrio catastrófico". Quería decir que si observamos todos los problemas, conflictos, pleitos y guerras que a diario suceden, viene la conciencia de que vamos a explotar más temprano que tarde. Lo raro de este asunto, es que las explosiones entre enemigos son bastante esporádicas y, por ende, son una verdadera excepción. El mundo de las batallas a las que con tanta facilidad nos encarrilamos no tiene mucho sentido. Fíjese en las personas que se levantan de su cama y ya están de mal humor con la esposa e hijos, o en los automovilistas que al salir de sus casas se convierten en unos verdaderos asesinos en contra de peatones o de otros automovilistas. Vea los pleitos a favor o en contra de un equipo de fútbol, de algún partido político, o por apoyar a un amigo cuya novia le puso el cuerno. Decimos que ninguna de estas batallas tiene sentido porque son pasajeras, y la mayoría de ellas, verdaderamente intrascendentes.

Si creemos que al participar en las batallas del diario acontecer, en algún momento del futuro vamos a ganar, estamos jugando de nuevo al pronóstico equivocado. Peor aún, si por ignorancia suponemos que ganar equivale a la felicidad, más vamos a sufrir cuando el sabor del triunfo desaparezca y de nuevo tengamos otra batalla, quizá más cruel y violenta que la anterior. De ahí que abandonar el campo de batalla no sea una mala idea. Es más, ese abandono se convertirá en un requisito para el logro de la paz interna. Y ésta, a su vez, se convertirá en el factor clave para la felicidad.

Así que, estimado lector, deje de pelear ya, no mañana, ni después. Deje de pelear ahora, deténgase, ¡ALTO!

Recordemos que la felicidad es un resultado de nuestras respuestas y de las reacciones que asumimos frente a los sucesos cotidianos. No es un estado al que se llega, mucho menos es una cosa que se encuentra esperándonos en un extraño y lejano lugar. La felicidad esta ahí dentro de cada uno de nosotros y sólo las actitudes que asumimos en la regularidad de la existencia permiten que se manifieste o no.

Hay buenas noticias. Las actitudes que abren la existencia a la felicidad son, ya lo hemos dicho, producto de las buenas obras, que ayudan al bienestar de uno mismo y de los demás. Pueden aprenderse y practicarse. Así es: la felicidad es un estado mental que se puede cultivar por medio de la educación de nuestros pensamientos y emociones hasta lograr que nuestro cerebro prefrontal, el que está arriba de nuestro ojo izquierdo, domine en todas nuestras actividades mentales.

Ahora, ponga por favor su mano en la parte izquierda de su frente, frótela y piense que para que esa zona se active tiene que redirigir sus pensamientos hacia la paciencia, la bondad, el perdón, el amor y la ecuanimidad. Pensar bien sólo es cuestión de conectar el cerebro prefrontal con su corazón: perdone a los demás por lo que son y por lo que le han hecho; pero principalmente perdónese usted mismo por ser usted. Tenga la voluntad de educarse en las actitudes positivas. Por muy mal que le vaya en la vida, sonría: está vivo y quizá ya no pueda bajar más.

Para tener mejores herramientas, vamos a fijarnos bien en los elementos medibles y observables que definen la felicidad. En primer lugar está, obviamente, el ingreso. Lo que muchos economistas y psicólogos han encontrado es que no hay una correlación directa entre el dinero y la felicidad. Hay un límite en lo que la economía personal puede aportar a la felicidad. La frontera está en la satisfacción de las necesidades de vivienda, salud, educación, alimentación y recreo.

Más allá de este punto el poder del dinero para sustentar la felicidad disminuye drásticamente. En otras palabras, a cierto nivel económico, más ingreso no produce más felicidad. Así parecen demostrarlo los países desarrollados, donde la tasa de suicidios y los índices depresivos se han convertido en una verdadera epidemia. En cambio, en los estratos pobres de la sociedad, la dinámica es muy diferente pues pequeños aumentos en los ingreso producen un incremento proporcionalmente mayor de felicidad. Por tanto, los efectos del ingresos en la felicidad son mucho mayores en los países pobres que en los ricos. Es una razón de mucho peso para abogar por una mejor distribución de la riqueza en los países subdesarrollados y favorecer políticas públicas que favorezcan el aumento en los ingresos de las familias pobres. Pero también hay otros factores que Richard Layard considera, con base en el sistema analítico comparativo que utiliza *World Values Survey* (Encuesta Mundial de Valores, una organización internacional especializada en comparar índices de felicidad en 50 países). Según esta investigación hay siete elementos que tienen un efecto significativo en la felicidad de cada persona:

1. La situación financiera.

2. La calidad en las relaciones familiares.

3. El tipo de trabajo que se realiza.

4. El tamaño de la comunidad en que se vive y del grupo de amigos.

5. El estado de salud.

6. Los niveles de libertad de expresión, circulación y acción que se permiten.

7. Los valores personales, principalmente la creencia en Dios.[16]

Sin embargo, los factores que explican en un 80 por ciento los índices de felicidad cambian radicalmente de un país a otro. Según esta encuesta los puntos que mejor explicarían las diferencias de felicidad en las sociedades son: la tasa de divorcios y de desempleo, el nivel de confianza hacia las instituciones, la afiliación a organizaciones no religiosas, la ca-

---

[16] Vea Richard Layard, *La felicidad*, p. 74.

lidad de gobierno que se tiene y la proporción de personas que creen en un Dios.

Además de los siete factores que determinan la felicidad de una persona y de los seis elementos que permiten comparar los indicadores de felicidad en distintos países, existen por lo menos cinco características de la naturaleza humana que deben de incluirse cuando se estudia el bienestar humano y que son muy importantes para el tema que estamos estudiando:

1. Desigualdad: los ingresos extras importan más a pobres que a ricos.

2. Efectos externos: hay terceras personas que se ven afectadas por nuestras acciones.

3. Valores: éstos cambian por influencia externa, para bien o para mal.

4. Aversión por la pérdida: se tiende odiar más la pérdida que a valorar los beneficios.

5. Comportamiento incoherente: la manera que respondemos a las circunstancias externas es imprevisible en buena medida.[17]

Todas estas variables tienen diferentes pesos para evaluar los índices de felicidad, ya sea de modo individual o colectivo. Lo que importa resaltar de estas estructuras analíticas es que, por fin, la filosofía y la psicología han tomado a la felicidad como un objeto de estudio, y por ende, como un estado interno que tiene una decisiva repercusión en las condiciones del mundo externo.

---

[17] Vea Richard Layard, *La felicidad*, p. 140.

Es muy importante reconocer que difícilmente vamos a encontrar a una persona que todo el tiempo sea feliz. Es más, las personas con estados mentales pacíficos y equilibrados son las primeras en reconocer cuando no están felices, por cualquiera de las millones de causas que justifican la tristeza o el coraje. Las personas felices no fingen la felicidad. Lo son, y lo están en la mayoría de sus actos. Paradójicamente, un principio para vivir estados de felicidad es reconocer y aceptar cuando no somos felices. Básicamente se trata de no crear más prejuicios y no inventar alrededor del sufrimiento más historia de la que verdaderamente se tiene. Si se está triste, se reconoce, se sufre, se acepta. Eso es todo, no se agrega más "elementos" mentales a los asuntos que se desenvuelven en condiciones adversas.

Cuando se encuentre usted deprimido porque no dio resultado un proyecto, sienta el fracaso en su corazón, tómelo como lo que es: un fracaso. Pero no le agregue más pensamientos como "eso siempre me pasa a mí", "es que soy un tonto", "es que fulano o zutano tienen la culpa porque hablaron antes de tiempo". No invierta en más pensamientos que sólo vienen a justificar la depresión y que no ayudan a comprender las cosas.

Bien lo dice el estimado filósofo español Fernando Savater cuando se pregunta ¿qué es la alegría? Responde algo así: es la respuesta emocional que tenemos cuando constatamos que lo más grave que nos puede pasar en la vida ya nos pasó, que fue cuando nacimos. Por tanto, el resto de las experiencias, incidentes, planes malogrados y deseos desdichados, no son para tanto.

¿Qué significa ir con las cosas?

Cuando de verdad se comprende que todos los fenómenos que vivimos, vemos y pensamos son transitorios –que se comportan en un ciclo de nacimiento, crecimiento, decadencia y desaparición– puede surgir la plena certeza de que es inútil creer que si nos aferrarnos a algo nos pueda proporcionar seguridad, estabilidad y protección. Todo aquello que consideramos fuente de certeza y seguridad es impermanente. Descubrir el hecho de que no podemos adherirnos a nada es la entrada al campo de la liberación. Construimos cadenas mentales en forma de nombres, conceptos, ideas, pensamientos, creencias, hábitos y modelos mentales buscando precisamente algo a que aferrarnos, para evitar el mareo de la inseguridad.

El no apegarnos a nada, obviamente, puede producir una sensación de vacío, de falta de sentido existencial. Es natural que se genere un estado de miedo, de terror a la nada. Sin embargo, esta sensación puede cambiarse rápidamente por el hecho de que no adherirnos a nada no quiere decir que no tengamos ideas, propuestas o cosas que hacer. La clave aquí es tener confianza y fe de que el no aferrarnos a nada no provocará que nos ahoguemos: lo que significa es que podemos relajarnos, estar en paz, en un mundo fluido, dinámico y cambiante. Nos dejamos ir en conciencia.

En muchas ciudades del mundo existen los trenes subterráneos. Trasportan miles y miles de personas a la vez. Todos los que hemos usado este tipo de transportes públicos conocemos el arte del bien viajar en las horas más concurridas: se trata de fluir con la masa que nos aprieta, nos empuja y hasta nos dirige. Si usted ya lo ha experimentado, ya tiene una cierta habilidad para circular por el mundo sin oponer una resistencia inútil y claramente fuera de lugar. Para tener éxito en el flujo de las fuerzas de las masas debemos estar en el lugar y en el tiempo adecuados, cuando sabemos que todos nos vamos a dirigir al mismo lugar que hemos determinado previamente. Ésta es la clave del asunto: póngase en el punto adecuado para que los demás lo lleven a donde ya tiene decidido. Esta estrategia tiene muchas ventajas, entre otras, un ahorro increíble de energías individuales y de tiempo de traslado pues no hay resistencias al flujo dominante; y, básicamente, uno llega muy bien acompañado al lugar que desea.

La estrategia de "dejarse ir" hacia donde previamente hemos definido, también se aplica en el caso de los pensamientos. De nuevo, todos hemos vivido momentos en que nuestra mente se ve arreada por flujos intensivos de pensamientos, casi siempre insistentes sobre lo mismo, obsesivos e incisivos; son los pensamientos neuróticos.

Con la misma perspectiva anterior, imagine usted ahora que cada pensamiento es una persona subiéndose al metro junto a usted. La clave ya la sabe: permita que ellos estén ahí, junto a usted, sin querer quitarlos de su lado, sin alejarlos, mucho menos negarlos, cambiarlos o apegarse a ellos. Cualquier intento que usted haga para cambiar el torbellino de pensamientos en su mente será un abierto fracaso.

Así, nos dejamos ir junto con todos los masivos y montoneros pensamientos; asumimos que no tenemos poder ahí y que mejor es usarlos para ir con ellos, quizá a una terminal que no conocemos, pero tal vez a lugares ya conocidos. Observe muy bien cuál es la habilidad aquí: el no hacer nada disminuye significativamente el impacto de estos pensamientos en nuestro estado de ánimo, en nuestro carácter, y por ende, no entorpecen la conciencia de percatación que podemos usar a la hora de actuar en el mundo.

Si voy junto a los demás, definiendo los lugares a los que deseo ir; si logro que mis pensamientos perturbados y mis aflicciones emocionales no me molesten, entonces puedo decir que han perdido su poder sobre mí y que he eliminado la terrible influencia que antes tenían al determinar mis juicios, perspectiva y acciones sobre las cosas de la vida. En efecto, se trata de lo que la literatura de superación personal llama dejar de ser reactivo, es decir, responder con resistencia y oposición a flujos que ya están sucediendo. De reactivos pasamos ahora a ser asertivos, a tomar las mejores decisiones y a realizar los mejores cambios posibles con lo que en efecto tenemos, no con lo que debería de ser o con las imaginarias ilusiones con que la mayor parte de las veces tomamos las decisiones.

Así como nos fuimos en el metro con toda la gente, de manera suave y con plena conciencia de a dónde íbamos todos; así como logramos fluir con los pensamientos neuróticos sin reaccionar automáticamente ante ellos sino observándolos para dejarlos ir; pues algo parecido podemos hacer con el sufrimiento.

La idea central para tratar "bien" al sufrimiento que surge casi a diario en nuestra existencia es reconocer inmediatamente sus primeros síntomas –como el coraje subterráneo, el aceleramiento del corazón, contracciones en los puños y/o en el estómago–; pero principalmente hay que notar cuando nos *resistimos* a lo que está sucediendo, deseando que suceda otra cosa. En este sentido, hay que entrar en un estado de alerta, elevar las antenas de la *percatación*. Al cabo de uno o dos segundos, el sufrimiento que estamos inaugurando procurará alimentar un cuerpo de dolor que previamente hemos almacenado en nuestro sistema emocional: ubique qué es lo que le molesta de ese sufrimiento.

Ahora, queda simplemente no identificarnos con ese sufrimiento: hay que dejarlo pasar como otro pensamiento más, sin darle la oportunidad de aterrizar en nuestra mente (como un pensamiento de odio) o en nuestro cuerpo (como dolor y tensión física). Cuando no oponemos resistencia al sufrimiento, éste tiende a perder poder, igual que las personas en el metro cuando no nos oponemos a la fuerza del flujo de masas; aparece para desvanecerse después.

No crea por favor los consejos de la superación personal que le dicen que lo mejor es "dejar salir" el coraje o el sufrimiento. Cuando permite que un sufrimiento mental o un estado de ira se expresen en usted de modo amplio e intensivo, no está descargando su energía; más bien lo que está haciendo es familiarizarse con este tipo de reacciones. Es decir, está creando un hábito de respuesta. Recuerde que las creencias forman un ramo de hábitos y éstos, a su vez, si son frecuentes, producen un modelo mental que equivale al modo de reaccionar de las personas. Si usted desea ser un gruñón entonces descargue, exprese, su coraje cada vez que lo sienta y verá que pronto, efectivamente, será un gruñón. Somos lo que repetimos más seguido.

¿Cómo rompemos los malos hábitos de sufrir cuando las cosas van mal? Ahora ya estamos en capacidad de decirlo más claramente: la ruta es saber abandonarse. Deje sus preconceptos de lado, deje atrás sus ideas de cómo deben ser las cosas; desmantele sus creencias y hábitos de reacción habitual y automática. De nuevo, hay que estar bien convencidos de que no podemos controlar todo lo que experimentamos, mucho menos lo que sucede fuera de nuestro muy pequeño ámbito de dominio. Hay que renunciar a ese sentimiento de tener certeza en lo que decimos y que juzgamos; aceptar la vida como viene y como se va. Así es como podemos relajar la tensión que provoca en nuestra mente la lucha entre los deseos egoístas y soberbios y las tendencias infinitamente más poderosas de la realidad que nos envuelve. Pero el abandono de los hábitos, prejuicios y creencias requiere no sólo de fe –entendida como la confianza en algo que todavía no hemos podido descifrar bien a bien– sino, más que nada, de paciencia. En otras palabras, hay que cultivar el arte de aceptar las cosas como son. La paciencia es el único estado mental consciente que puede derrotar a la frustración y al sufrimiento derivado de que las cosas no son como queremos. Así que cuando usted esté en una de esas inmensas filas que ahora se forman en los aeropuertos, permita amablemente que se mueva a su propio ritmo y velocidad; no intente apresurarla. Mucho menos crea que esa fila es lenta porque usted está ahí. Le aseguro que la razón tiene mucho más que ver con lo sucedido el 11 de septiembre de 2001 en Nueva York que con todas sus especulaciones egocéntricas.

La paciencia es la herramienta predilecta para recuperar el poder, la atención y las energías que lamentablemente invertimos con tanto entusiasmo en las preocupaciones, en los problemas, en las perturbaciones mentales y en las aflicciones sentimentales. Hay que aprender no sólo a no resistirse a los sucesos sino también a retirarse y permitir que la mente permanezca despejada, sin invasiones conceptuales y de pensamientos incisivos. Para poder ver las cosas tal y como son tenemos que tener una mente despejada de criterios, chismes y juicios.

La estrategia de aplicar la paciencia a las situaciones difíciles que todos vivimos a diario (como el embotellamiento del tráfico, las desconsideraciones de nuestra pareja o los reclamos de nuestros hijos e hijas) tiene que acompañarse de un abandono de las batallas de las que hablamos antes. Cuando logramos ser pacientes y nos retiramos de los campos de guerra cotidiana, surge un sentimiento, un estado mental, de satisfacción.

La satisfacción obliga a la mente a dejar de lado las perturbaciones y aflicciones. La mente ahora está en paz y, gracias a que ahora los pensamientos y emociones circulan de modo tranquilo y coherente dentro de nosotros, podemos ser mucho más objetivos y precisos respecto a lo que vemos alrededor de nosotros. Nos convertimos en seres con plena conciencia de los sucesos del mundo –y de nuestro interior que, por cierto, es parte de ese mundo.

Por eso, nos dice Daniel Goleman, es necesario diseñar métodos y prácticas psicológicas y sociales que den importancia al equilibrio entre la razón (las cosas como son) y las emociones (las cosas como las quisiéramos). La paciencia, el dejarse ir y el ya no presentar resistencia no implican reprimir nuestras emociones encontradas, sino actuar del modo más inteligente posible, con la información que tenemos y con lo que podemos observar de las causas y las condiciones que generan una u otra situación en la vida. Se trata, apunta Goleman, de la urgente necesidad que tienen las sociedades modernas de armonizar la cabeza y el corazón. O como bien lo dice en todas sus enseñanzas el XIV Dalai Lama, hay que buscar los puntos de conexión y concordia entre la ciencia y el espíritu.

Por eso, es importante comenzar a entender que las emociones pueden ser rediseñadas, que no son un estado fatal y definitivo en nosotros, por más que nuestra experiencia nos haya dicho lo contrario. Ser inteligentes, en este contexto, es descubrir cómo las aflicciones sentimentales y el sufrimiento mental son resultado de una concentración excesiva de pensamientos en un concepto o en una idea. El mejor ejemplo que podemos encontrar en este tema son los celos. Cuando aparece esta perturbación mental, es seguro que hemos acumulado una tormenta de pensamientos e imágenes de nuestra pareja (o del mejor amigo) con otra persona. Y seguramente, aderezada con la convicción de que está mucho mejor sin nosotros.

Los celos son, antes que nada, pensamientos en tropel; después se convierten en una emoción más cercana al odio que a la pasión, hasta terminar en una tensión corporal que puede llegar a manifestarse en actos de violencia física.

Lo que habría que aceptar es que ninguno de nosotros tuvo preparación formal o familiar adecuada para manejar los trastornos mentales y emocionales. Nada garantiza que, teniendo una elevada inteligencia o un patrimonio considerable seamos felices. Toda nuestra cultura nos dirige a la acumulación de riqueza y bienes o a destacar las cualidades personales, en particular del yo. El destino personal nunca ha existido como tal. No es que no importe sino que, más bien, es resultado de muchas redes sociales que se forman alrededor de cada uno, de las cuales sólo podemos escapar muriendo o huyendo a una cabañita lejos, muy lejos.

La resistencia que oponemos a los acontecimientos de la realidad, los corajes y las frustraciones porque nuestros planes no resultan y la ansiedad que nos genera el hecho de que nada es seguro y permanente en este mundo –y quizá en cualquier otro–, proviene de una creencia errónea que ya estamos mejor capacitados para comprender: que los individuos, usted o yo, existimos como una identidad independiente de la sociedad, de nuestras raíces familiares y culturales. Esta falacia universal (de que existimos como un yo) queda demostrada políticamente cuando hablamos de los ciudadanos.

Ahora está de moda creer que, cuando "ciudadanizamos" algo, es decir, cuando atendemos los problemas por medio de los ciudadanos, encontramos las verdaderas soluciones. Sostengo que este remedio ha resultado un fiasco, otro engaño más que nos produce la ilusión de que las personas, por el hecho de presentarse como autónomas de las redes que le dan sustento en todos los sentidos de la palabra, van actuar de mejor manera.

Por eso hoy nos gusta insistir en que la democracia —que es un método muy peculiar de conseguir el bienestar de la gente consultando a la gente misma— se sustenta en la participación ciudadana. Dado que este sistema de gobierno implica la búsqueda de la satisfacción de las necesidades e intereses de las personas particulares, refuerza de un modo increíble el supuesto poder que tiene cada una de ellas, por medio del voto y de su participación. Junto a la economía de mercado, donde el consumo intensivo de bienes particulares domina el escenario, la democracia es una institucionalización de la idea de que cada persona es independiente de las demás.

Pero la verdad es bastante diferente. Nuestro mundo, el que está a su alrededor, no otro, esta hecho de causas y efectos, de partes de un todo, es interdependiente; producto de una red casi infinita de relaciones de dependencia, de condiciones que permiten que algo exista y de otras condiciones que provocan su desintegración.

El individualismo extremo, al que recurren tan heroicamente los autores de la superación personal y de la autoayuda, contradice lo más obvio: cada uno de nosotros depende de los otros. De hecho, se ha comprobado que alrededor de 80 por ciento de lo que hacemos se basa en modelos mentales que hemos integrado a nuestra vida por la convivencia con la familia o en la escuela. Somos efecto de los demás, pero también la causa de que otros muchos sean lo que son. Todo lo que hacemos en sociedad es como una piedra que arrojamos en un estanque de agua: tiene efectos de onda que nunca sabemos dónde terminan y hasta dónde llegan. Esta interdependencia se ha analizado con el nombre de "efecto mariposa" y reza más o menos así: el aleteo de una mariposa en las selvas de la Amazona brasileña puede ser la causa inicial de una tormenta en Texas, Estados Unidos. La probabilidad es cierta. En efecto, todas nuestras palabras, acciones, emociones y pensamientos son señales que se trasportan por muchas de las redes por las cuales transitamos en la vida. Entre más ámbitos sociales usted frecuente mayores impactos tendrán sus acciones en el medio ambiente de los demás.

Por eso, la plena conciencia de la *percatación* tiene la misión sustantiva de controlar y evaluar las señales que mandamos en cada espacio en que actuamos: la familia, el trabajo, la escuela, los centros de recreo o de compras.

Cada una de estas redes suele tener principios y normas diferentes. Cuando todas las redes están clasificadas bajo un mismo principio sentimos sofocación y frustración. Así está sucediendo con la norma de ganar y gastar. Ahora, cuando el mercantilismo invade hasta las esferas más íntimas de las relaciones humanas, quedan pocos espacios y redes que tengan otras normas de comportamiento por ejemplo, el de la creatividad o aquellos antiguos espacios dedicados exclusivamente al espíritu. Las grandes empresas son las que mejor han entendido la interdependencia y el sentido falso del yo, son las que mejor han explotado la sociabilidad humana. La obsesiva compulsión por destacar sobre los demás nos confirma que en el mundo somos sólo una parte de un inmenso engranaje. Recuerde: todo es transitorio. Peor aún, todo depende de algo. Nada *es*, todo está siendo. Todo fenómeno es la forma temporal de una infinidad de causas y condiciones que casi nunca vemos. Inclusive usted es producto de cientos de causas, cuyas circunstancias cambian y. por ende, lo cambian. Ahora ya sabe qué significa el "nada a qué aferrarse": nada que quitar, nada que poner.

Lo dijo Juan Rulfo

"...yo sé que para todo necesitamos de la paciencia, de saber soportar las cosas. Lo esencial es la vida. Poder vivirla es lo principal. Y nosotros viviremos". Con estas palabras Juan Rulfo procuraba consolar a su amada novia, Clara, en los años cuarenta del siglo pasado. Y, siempre, Rulfo procuraba cerrar sus misivas diciendo: "Para que nunca se les ocurra enfermarse, ni tener frío, ni hambre, ni tristezas". Son palabras que están centradas en el amor más ubicado en el corazón de los demás que el propio. Porque el amor real, compasivo y verdadero, sólo desea que los otros dejen de sufrir y que no se encuentren con las causas y las condiciones del sufrimiento.

El deseo de que los demás estén bien, independientemente de las condiciones y de la calidad de las relaciones que tengamos, puede ser llamada generosidad. Una mente que se ubica en esta perspectiva no tiene fijaciones ni realiza juicios precipitados. Es una mente paciente porque sabe que, para que nos vaya bien, lo que requerimos es sobrellevar las cosas como vienen. Pero se trata básicamente de tener una cierta disciplina para que los hábitos automatizados de reacción y respuesta no anulen la conciencia de lo que pasa. Por eso es importante tener una mente flexible, audaz, sobre todo, gelatinosa: que sea capaz de ablandarse de diversos modos de acuerdo con las circunstancias concretas.

La esencia de la generosidad amorosa es no apegarse a ninguna idea, creencia, hecho o persona. Recordemos que el sufrimiento nace del apego y de la aversión o rechazo. Véase usted mismo cuando ha experimentado el ser tacaño. ¿Qué es lo que no ha querido dar o compartir? Evalúe si ese "algo" es tan importante para su identidad y para su existencia; ¿no estará usted sobrestimando su importancia? Observe a cuantos más les sucede lo mismo. La tacañería responde a la codicia. En cambio, el amor compasivo es, antes que nada un sentimiento de desapego —no de indiferencia—, que permite que ese "algo" (o alguien) sea como es, que vaya donde tenga que ir y que viva como tiene que vivir. No impone ninguna condición ni tampoco exige un intercambio de favores. Al amor compasivo también le podemos llamar bondad. Es una de las pocas expresiones humanas que, de manera limpia y tranquila, sin ansiedad alguna, ayuda a los demás. No tiene más incentivo que el de ayudar.

Observar los problemas de los demás nos permite darnos cuenta de lo pequeños que son los propios. Siempre habrá una persona con más dolor y sufrimiento que uno mismo. Por eso la grandeza de la vida es darse cuenta de la pequeñez de nuestras tragedias, temores y sustos. Pero detrás de esa pequeñez se esconden las cosas más bellas de la existencia: en lo más cotidiano y simple reside la más grande de las aventuras humanas.

Así que cuando tome el volante de su auto, sólo imagine todo lo que hay detrás de ese acto: los muchos obreros que lo fabricaron, los técnicos que lo diseñaron, los mecánicos que le dan mantenimiento, los mineros que extrajeron el metal, los trabajadores que produjeron la gasolina. Manejar su auto es un milagro. Igual que poder caminar sobre una calle, ir de compras, levantarse por las mañas, respirar. Todo es un milagro. Habría que estar muy agradecidos por ello.

El especialista en felicidad, Richard Layar, comenta que existen dos pilares, dos cosas básicas, que hacen a una sociedad feliz: en primer lugar, una verdadera consideración hacia las necesidades y deseos de los demás; en segundo lugar la existencia de sólidos principios morales de imparcialidad y ecuanimidad.

El primero está basado en lo que se llama empatía con los demás. Es algo así como ponerse en los zapatos de los otros; respirar sus problemas y sentir el medio ambiente en que viven. Ensanchar nuestra simpatía a otras personas requiere que dejemos de sobrevalorar lo que creemos y somos, para conceder la misma importancia a otras creencias y experiencias. Cuando no vemos a los demás, simplemente creamos un distanciamiento, lo cual contribuye directamente a hacernos sentir infelices, sin la proximidad de las redes que nos dan sentido y estabilidad.

En cambio, si podemos integrarnos al sufrimiento de los demás, sin llevar encima nuestra identidad y hábitos, si logramos compartir ese dolor (por cierto, compasión significa justamente compartir el dolor). También podemos disfrutar ¡de la felicidad de los demás! y, en consecuencia, ser más felices nosotros mismos. Vaya paradoja, ¿no? Disfrutar del bienestar de los otros nos hace más placentera y gozosa la vida. Por tanto, ayudar a los demás, ya sea en actos de caridad, con inteligentes palabras o con pensamientos de apoyo y solidaridad, es un beneficio objetivo para nosotros. No es una cuestión lastimera, ni siquiera religiosa: la felicidad sólo está cuando no estamos pensando, hablando o actuando por y para nosotros mismos.

La propuesta del amor compasivo, bondadoso, es increíblemente poderosa. Muchos autores dicen ahora que necesitamos conocer el mal y la maldad para reconocer la esencia del amor. No comparto mucho esa idea porque lo cierto es que, si las redes en las que convivimos cotidianamente tuvieran la capacidad de anular el ensimismamiento, los campos de la razón y de las emociones serían mucho más compactos y compatibles entre sí. Tendríamos habilidades para razonar con las emociones y éstas serían un poco más inteligentes, menos brutales y automáticas.

Sintonizarnos con los demás requiere de todo lo que hemos expuesto en este capítulo: quietud interna, saber dejar pasar, observar con una alta dosis de *percatación*, fluir con las cosas tal y como seceden y, básicamente, amor compasivo. Cuando las redes humanas se manejan bajo este tipo de principios, el desempeño social y económico de las personas se eleva significativamente. Curiosamente, uno de los países con mayores índices de felicidad es India, más que por sus ritos y religiones, por su actitud de empatía y control emocional en que sus habitantes son educados desde la infancia. Ello a pesar de su lacerante pobreza y de las hambrunas.

Cuando integramos nuestro yo en los demás dejamos de ser el centro de atención mental de nuestras propias vidas; es así como nos hacemos parte consciente del todo en que vivimos, por más minúsculos que parezcan nuestros campos de existencia. Además, el amor compasivo tiene otro impactante efecto: ahorra muchísima energía. Sí, señoras y señores, el amor es una emoción que tiene la capacidad de hacer que nos esforcemos, nos preocupemos o nos estresemos mucho menos que si andamos tras nuestros deseos egoístas y soberbios. Es una actitud bastante económica, se podría decir. ¿Qué nos ahorra el amor? Pues mucha energía, tiempo, dinero, espacios, saliva y pensamientos. Desperdiciamos impunemente energías cuando hablamos mal de los demás, cuando generamos resentimientos, manipulamos o tenemos una actitud ofensiva hacia todo lo que se nos presenta en la cotidianidad.

El centro del asunto es que el amor compasivo, la bondad, hace que cada uno de nosotros elimine las actitudes y las acciones superfluas, sin sentido, y por tanto, nos permite gozar simplemente de lo que está sucediendo en el presente, ese momento maravilloso, como bien dice el monje budista Thich Nhat Hanh. Cuando nos dedicamos a los demás, estamos por fin en paz.

Entonces podemos hacernos otra pregunta, ¿cuáles son los métodos para saborear la vida con gozo? Hasta ahora se han descrito cuatro:

1. Regodearse: disfrutar tranquilamente las cosas que nos hacen sentir bien (al estilo de los perros cuando se ponen de espaldas, estiran sus cuatro patas y todo está muy bien).

2. Agradecer: expresar gratitud y reconocimiento a todos aquellos que de una u otra forma nos cuidan, nos quieren, nos alimentan y nos acompañan.

3. Maravillarse: asombrarse de todo lo que nos sucede, bueno, malo o regular, por el simple hecho de que sucede en el momento presente.

4. Deleitarse: es decir, darle gusto a los sentidos con paisajes, sonidos, olores, sabores y texturas que les sean agradables.[18]

Cada uno de estos métodos de gozo está encaminado darnos mejor calidad de vida y a que las experiencias produzcan bienestar y sintonía con las cosas que nos resultan buenas. Estamos hablando de las virtudes, tanto privadas como públicas. De hecho podemos decir que la confianza en la vida, el abstenerse de dañar a los demás y al medio ambiente, la práctica de la generosidad y el desarrollo de una tranquila sabiduría constituyen las prácticas que integran el estado de felicidad.

Sin lugar a dudas, ejercer estas virtudes se acompaña de una increíble capacidad de dar y de recibir, incluyendo una manera amable de hablar con nosotros mismos y con los demás. Las virtudes se comunican por medio de un buen lenguaje, que evita la agresión y demuestra una clara integración del yo en los demás. Es un habla que no crea distanciamientos ilusorios entre la persona y lo que la rodea. Por eso las buenas virtudes, que conducen a la felicidad, promueven la igualdad y la comprensión de las causas y condiciones que viven las personas diferentes a nosotros.

Suprimir la distancia que constantemente aparece entre nosotros y la realidad de las personas con las que interactuamos implica un gran salto cualitativo en la percepción de las cosas. En primer lugar, dejamos de culpar a los demás de nuestros problemas y sufrimientos. De ese modo dejamos de mal invertir tiempo y energía buscando, donde no está, el origen de nuestros pesares. En segundo lugar, los senti-

---

[18] Paul Pearsall, *El último libro de autoayuda que necesitará*, p. 90.

mientos y pensamientos se liberan de la esclavitud a que el ego nos tiene acostumbrados. Obtenemos el poder de perdonar al comprender el alto estado de inconsciencia en que vivimos todos: los errores humanos devienen de la falta de realidad y de creer en una verdadera separación entre nosotros y los demás. Al reconocer la realidad nos perdonamos y aprendemos a perdonar. Así se disuelve el círculo vicioso de culpables e inocentes, de víctimas y victimarios, que sólo tiende a aumentar el dolor y la venganza.

En el libro *La playa de los sueños* de Sergio Bambarén el personaje principal, después de un montón de aventuras y torceduras, llega a la conclusión de que lo mejor es optar por la sencillez. ¿Cómo? Conservando únicamente aquellas cosas que de verdad sean necesarias y útiles para estar bien y desprendiéndonos de todas aquellas que sólo eran símbolos del pasado, recuerdos, tanto buenos como malos, así como cosas que representan un estatus medio inventado por el mercado y la publicidad y que nos atrapaban.

La idea de hacer una "limpia" de objetos domésticos y laborales, en su caso, es muy sencilla: así como se aprende a comprar hay que aprender a regalar. Una limpia, le aseguro, le hará la vida más ligera y llevadera, requisito indispensable para hacer de la felicidad un estado mental de largo plazo.

Ahora que ya leyó todas estas páginas, por favor, deje el libro a un lado, levántese y recorra cada espacio de su casa, oficina o lugar de trabajo. Observe con cuidado todas las cosas que contienen las recámaras, el cubículo, la sala, el cuarto de tiliches, sus cuadros, los recuerdos en las repisas. Observe bien y no olvide de escudriñar los rincones oscuros. Enseguida, tome una o dos cajas o bolsas grandes para basura y recorra de nuevo cada metro cuadrado.

Comience a despedirse de todo aquello que ya no usa, que ya no le sirve, y que sólo es un símbolo de su pasado o de gratos recuerdos. Tome ese cuadro, tome esa ropa, tome el jarrón, el cenicero, aquellas cajas de zapatos, la botella... tome todo aquello que ahora ya no es útil ni para sus actividades ni para su mente. ¡Tírelo! Y vuélvase a despedir. Después, imagine a quién sí le podría ser útil eso que ahora está en la caja o en a bolsa de basura. Piense en una institución o personas que podrían obtener algún provecho. Si no se le ocurre nada ni nadie, déjelo todo junto a la basura de diario. Vaya limpiando parte por parte su casa o lugar de trabajo. Sienta la tristeza y la nostalgia que nace; descubra el apego a esas "reliquias" de la vida, véase deprimido y fuera de onda... usted está tirando a la basura muchos pensamientos y sentimientos. Está molesto pero sienta cómo, poco a poco, su vida se aligera, está menos complicada con cosas simbólicas que apenas sirven para recordarnos los hábitos mentales que nos han dado identidad... por años y años.

La ley del Universo es impecable: hay que tirar y dejar en paz las cosas, para abrir espacio nuevo a lo que viene. En otras palabras, hay que desocupar el lugar para que cosas nuevas puedan entrar a formar parte de nuestra vida. Al deshacernos de las cosas también desechamos ¡los pensamientos y emociones que los acompañan! Nuestra casa, oficina o taller se liberan; también nuestra mente.

Ésta es la verdadera mentalidad de la abundancia y la felicidad: dar espacio a nuevas cosas, pensamientos y emociones. Yo no le digo que olvide su pasado o que tire las fotos de cuando sus hijos eran pequeños, o que ya no tenga aquel florero que le dio su mamá. Lo que propongo es que se deshaga de ellos, para que usted mismo sea testigo de sus apegos y aferramientos a cosas que YA NO SON.

Al desplazarnos en espacios menos saturados de cosas y recuerdos, es mucho más fácil compartir las cosas y los pensamientos con los que sí nos hemos quedado. Sabemos que apoyar a los demás construye una mejor relación; que al no tener preconceptos, es mucho más fácil compartir las buenas ideas y los buenos momentos. Es así como podrá irse de vacaciones sin preocuparse de que le vayan a robar: los ladrones ya no tienen nada que llevarse de valor sentimental para usted.

Ahora usted se has convertido en su propio instrumento para ser lo que desea. Al quitar las cosas y los pensamientos de apego y aferramiento, ya es obra de su propia ejecución. Nos percatamos que sin tantas cosas encima es mucho más fácil poder estar con uno mismo y, en consecuencia, con los demás. Todo lo que construimos a nuestro alrededor es una proyección de nuestra mente; por eso las cosas que nos rodean representan el modo en que hemos llevado la vida. Esas cosas son las representaciones duras, concretas, de nuestros hábitos mentales, es decir, de la manera en que respondemos a los estímulos del mundo exterior. Una persona con tendencia al enojo seguramente tendrá al su alrededor cosas pesadas; en cambio, una tranquila y pacífica encontrará a su alrededor unas cuantas cosas que fácilmente se podría llevar el viento. Mírese y pregúntese: ¿cómo traslado mis estados emocionales a mí alrededor? ¿Qué cosas conservo, cuáles ya no quiero?

La felicidad aparece en la mente de modo gradual y sostenido. No hay milagro en ser feliz, ni mucho menos se consigue con un método rápido al estilo *fast food*. Siempre lo mejor es empezar con pequeñas cosas: un día deseche las cosas que menos le molestan y, poco a poco, vaya limpiándose de las cosas que más le pesan. Las acciones pequeñas requieren menos tiempo y sus resultados se observan más de inmediato.

Los cambios pequeños, como lo propone el *kaizen*, tienen muy baja tasa de riesgo, pueden fracasar pero lo bueno es que tampoco nos hacen sufrir mucho. Cambios minúsculos hacen grandes obras. Además, recuerde que si está en paz al dar o al recibir, las relaciones con los demás serán más agradables y con mayor confianza. No es gratuito afirmar que los grandes amores se hacen de pequeños detalles y no de grandes regalos o suntuosas cenas.

Evidentemente, aparejar la felicidad con la sencillez no es nada fácil. Nos han educado por siglos y siglos para creer que tener más es estar bien porque nada nos falta. Todo el sistema del consumo y la publicidad insisten en que sólo teniendo esto o aquello podremos ver nuestros sueños hechos realidad. También nosotros mismos, sin mucha influencia del *marketing*, nos agenciamos nuestra propia identidad por medio de los adornos que ponemos alrededor de la cama, del escritorio o en la entrada de la casa. Pero ya sabemos, ¿no? La única manera de despejar la mente para que esté tranquila y en paz es detenernos, deshacernos de cosas y renunciando a todo aquello que nos distancie del presente o que simbolice nuestra separación con los demás. Hay que saber renunciar, por lo tanto, a los pensamientos que nos martirizan o que buscan culpables para explicar nuestro dolor y sufrimiento. Esto, a su vez, se logra tranquilizando los monólogos internos, incisivos y obsesivos, que sostenemos cada vez que algo sale mal. Sólo tranquilizando la mente los pesados pensamientos podrán fluir de modo natural y de manera ordenada. Por eso la mente tranquila es el principio de una mente sabia, inteligente y coherente.

Paul Pearsall logra demostrar muy bien que hasta el amor verdadero se basa en el principio de una mente tranquila. Si el amor es una interconexión fisiológica y del pensamiento, sólo con plena atención, calmada y sabia, se puede penetrar al corazón del otro. En cambio, si estamos intranquilos con una mente acalorada y precipitada, lo más probable es que no veamos los deseos y las necesidades de la persona amada.

El verdadero amor no es un modo de realización personal, como nos han hecho pensar, sino una clara dependencia entre uno y otro, en un espacio de solidaridad y comprensión emocional y mental. Algo parecido se puede decir de la familia. Es una organización que se establece entre dos o más personas para comprometerse con el bienestar de cada uno (a veces, incluso, de forma bastante irracional pero siempre considerando al otro como el punto de apoyo familiar). Es un espacio en el que siempre somos recibidos, de un modo o de otro. La familia es el lugar donde las cosas que nos suceden pueden quedarse lejos y donde podemos descansar.

Amor y familia son dos conceptos que están llenos de otras personas. No son posibles en la individualidad, mucho menos cuando el yo trata de aprovechar sus virtudes y capacidades. Son instancias que, más que lógica o normas, requieren de la sabiduría y la paciencia para crecer y consolidarse. ¿No le parece simpático que, al hablar de felicidad, se mencione de manera casi automática al amor y la familia? Es claro: la felicidad sólo se realiza cuando hay, por lo menos, otro más. Se trata de dejar de estar ocupados exclusivamente por nosotros mismos para estar presentes con los demás.

¿Quiere dejar de sufrir? Entonces olvídese de usted y dróguese con el amor, la familia, con la comunidad y con todo lo que le vaya saliendo al paso. Déjese ir con el flujo de las

circunstancias y hechos que le suceden, nada es tan importante como cuando nació; todo lo demás son regalos del
tiempo y del espacio. Siempre recuerde que todos, usted, yo
y aquél, queremos ser felices y no sufrir, pero muy pocos saben cómo hacerlo verdaderamente. Así que hay que saber
perdonarse y perdonar. Absolutamente todos cometemos
errores, incluso usted.

Algunas propuestas adicionales

La verdad es que nadie nace feliz. De ahí la necesidad de
practicar virtudes y actitudes que la produzcan del modo
más natural y sencillo posible. El gran problema que tenemos es que no existe una cultura o la difusión amplia de los
conocimientos al respecto. Hay que esperar un largo tiempo para llegar a la concusión de que *la felicidad se hace*, no
es. Así que muchos andamos de aquí para allá leyendo,
aprendiendo y ensayando cómo ser felices. De este ir y venir
se sostiene la parafernalia de la superación personal. Ahí están los psicólogos *light*, los inspirados por el destino, los *coe-
lhos*, los siete hábitos del ser eficiente, el yo estoy bien y tu
también, el de tus zonas erróneas, la gaviota en el cielo y
los ratones con sus quesos, el secreto de cómo hacerlo, así
como ese monje que vendió su Ferrari y, básicamente, el fa-
moso *Self-Help* de S. Smiles. Entran a nuestras vidas por
la puerta grande a causa del deseo más humano e innato: el
de ser felices. Por eso tenemos que estudiar y practicar el ser
felices.

La felicidad se aprende cuando somos capaces de pro-
tegernos de los pensamientos perturbados y de las emociones afligidas, y eso se hace cuando la mente está en paz
y tranquila. Sólo así la conciencia es capaz de contemplar

la belleza infinita que existe en cada pequeño acontecimiento, en cada cosa que aparece en nuestra ruta diaria al trabajo, a la escuela o de compras. Se da cuando dejamos la tensión del yo contra otro y cuando no vemos a la realidad como un espacio separado sino como una parte de nosotros mismos. Permítaseme ahora transcribir un pensamiento de *El último libro de autoayuda que necesitará*, de Paul Pearsall –por cierto, fue el libro que me dio la mejor justificación y voluntad para escribir éste. Dice:

El verdadero poder no es personal sino interpersonal. La buena vida es una ilusión, pero una buena vida compartida está lista para que la recibamos y esto ocurre cuando nos damos cuenta de que nuestros problemas y fortalezas no residen dentro de nosotros. Resuenan entre nosotros.

Para fluir con otras personas sin grandes obstáculos y resonar con la vida en que estamos, lo que más nos ayuda es la flexibilidad. Es una manifestación de la sabiduría que los grandes maestros nos han trasmitido desde hace siglos. Confucio, Lao-Tsé, Moisés, Abraham, Buda Shakyamuni, Jesús de Nazaret, Mahoma el árabe iluminado, Mahatma Gandhi, Martín Luther King, Teresa de Calcuta, entre muchos otros, nos han dicho: ama a los demás, eso es todo.

Por esta razón necesitamos una inteligencia que nos permita, en mente, palabra y cuerpo, observar y sentir los cambios que con tanta velocidad se suceden hoy en día. Requerimos de la capacidad de adaptarnos a las nuevas situaciones que vivimos en el siglo XXI. Para tener esta habilidad es pertinente que sepamos dentro de nosotros que es imposible tratar de controlar, detener o hacer a nuestro modo cada elemento de la existencia. Claro que es necesario, a veces, dominar el medio ambiente, especialmente si se es médico, ingeniero en puentes o veterinario. Pero tratar de dominar todo lo que nos rodea es una verdadera locura.

La flexibilidad (o maleabilidad) y la adaptabilidad surgen en nosotros cuando poseemos un temperamento alegre y contento. Cuando no nos importa mucho oponer grandes resistencias a lo que está sucediendo –excepto, claro está, si estamos frente a una amenaza a la dignidad emocional o a la seguridad física de una o varias personas. Me refiero aquí a los hechos más cotidianos (lo que dice la tía chismosa, el embotellamiento vial, una cuenta muy alta de teléfono, la enorme fila en el banco o el amigo(a) que habla mal de nosotros), ésos que construyen la vida.

Cerca de 98 por ciento de las cosas de la vida llegan, están un rato y se van; son cosas que pasan, emociones que transitan y pensamientos recurrentes. Por eso habría que pensar seriamente en no tomar tan a pecho las malas cosas que nos ocurren.

El Buda llamó a esta estrategia de estar alegres y relajados, inclusive cuando nos pasan las cosas malas, el Camino Medio que evita los extremos pues nada es todo negro o todo blanco. La verdad es que la vida es más o menos gris, a veces más inclinada a la claridad, a veces a la oscuridad. La propuesta es evitar ir furiosamente tras la gratificación sensual de cada uno de los deseos de nuestros sentidos (los que le hemos llamado actitud hedonista), pero tampoco dirigirnos al sufrimiento desesperado del nihilismo y de la automortificación exagerada. El Camino Medio es el de la sensatez y la moderación, que creo que es lo que más nos hace falta a todos hoy en día.

Los intentos grandilocuentes son parte de nuestra mente perturbada por el ego y los extremos ilusorios del superpoder que, a veces, otorgamos a los personajes que representamos temporalmente. Por eso muchas veces nos lanzamos a los grandes cambios, a la apuesta de que ese día, ese momento, será la inauguración de una nueva etapa. Esto casi siempre resulta un simple grito de pasión en el desierto. Todo intento de cambio drástico, que se acompaña de una ilusión innovadora radical, tiene un fuerte impacto en el medio ambiente en que se aplica. Es mucho mejor recurrir a los pasos pequeños, hábiles y cómodos. Además, hasta la misma estructura del cerebro tiene mejor respuesta a los cambios del Camino Medio porque no se fuerzan ajustes neurológicos profundos.

Los cambios para el logro de la felicidad tienden a ser pequeños, a veces hasta intrascendentes. Por esta razón solemos desesperarnos con las disciplinas que nos enseñan a estar quietos y en paz. Trate, por ejemplo, de pasar todo un día sin hablar con nadie, procure estar algunas horas sin hacer nada, absolutamente nada, y notará cómo su mente-cuerpo protestará, lo hará hablar y le exigirá hacer algo. Tenemos el hábito de creer que eso es estar vivo. Nuestra cultura nos mal informa diciéndonos que los cambios deben ser rápidos, esforzados y, por cierto, poco alegres. Creemos que cuanto más depresiva sea la experiencia lograremos más, y entre más serios nos comportemos, mayor credibilidad van a tener nuestros cambios.

En el Camino Medio también aprendemos a dosificar lo agradable (por ejemplo, comer una buena sopa de pasta); aprendemos a deleitarnos con una excelente canción o a tomar un té. No se trata de negar los deseos de nuestros sentidos, sino de aprender a reconocer su presencia relativa y efímera: el placer es parte de la felicidad, pero quizá la más pequeña.

En el Camino Medio aceptamos los malos "rollos" propios y de los demás, pues partimos de que todos tenemos diversos grados de confusión y malestar. Pero el corazón y la mente están plácidos, medio flojos y gelatinosos; hay, por tanto, apertura a los impactos de vivir con otras personas. Tenemos que educarnos en actitudes que puedan llevarnos a una buena vida, según afirma Pearsall: ser extrovertidos (no tener qué temer), ser agradables (nada de autopromoción), tener estabilidad emocional (no irnos con arranques), tener apertura (dejar de lado la autoestima y aceptar a los demás) y ser, antes que todo, muy conscientes del presente que vivimos (¿qué esta pasando?) y esforzarnos porque se cumplan los deseos de los demás.

Para poder comprender los deseos, necesidades e intereses de otros, es indispensable tener la habilidad de situarnos en sus zapatos. Esta práctica llama *Ton-glen* en el sistema tibetano; es decir, cambiarnos por los demás de forma incondicional y con amabilidad. Es la idea de "tomar y enviar": tomamos el dolor, las preocupaciones, el miedo y la ansiedad de los demás y los reciclamos en nuestros corazones, que para este fin funcionarán como poderosas máquinas desintoxicadoras. Después, enviamos nuestros deseos de felicidad, paz y alegría a los demás.

Este ejercicio se puede realizar con la respiración: al inspirar, se lleva el sufrimiento al sistema purificador del corazón; al expirar, se envían "vibras" positivas de felicidad y alegría. Es posible hacerlo para una sola persona, para varias, para una colonia o pueblo, para un país, para una situación de guerra o para todo el mundo y el Universo. De hecho, se trata de inspirar las cosas indeseadas y expirar una sensación de alivio y protección.

La idea del *Ton-glen*, como ya se puede suponer, es no exigir nada ni imponer nada. Por eso es un ejercicio meditativo de gozo. Sólo absorbemos y damos. Es estar en el mundo sin involucrarnos obsesivamente en sus desastres y en sus alegrías. Sólo así, tomando y dando de forma compasiva y fuera de todo requerimiento egoísta, logramos armar respuestas tranquilas a los problemas y frustraciones que siempre enfrentamos.

Nadie quiere ser infeliz, todos deseamos la felicidad, pero hay un hecho contundente: la mayoría de nosotros no sabe cómo evitar lo primero y conseguir lo segundo. Vamos por la casa, la calle, el trabajo o los lugares públicos pensando que seríamos felices si todas las personas que nos rodean hicieran las cosas de otra manera. Estamos en el mundo llenos de deseos nacidos del ego. Por tanto, salir de este estado ya es una excelente respuesta, a pesar de lo que digan las toneladas de tinta y papel que señalan que, para ser felices tenemos que alimentar la famosa autoestima, el ego, e imponer nuestro yo a los demás.

5

EL DESARROLLO ESPIRITUAL

Un pequeño resumen

A lo largo de este libro hemos expuesto conceptos e ideas procurando demostrar el grave error que caemos al elevar nuestra autoestima o al considerarnos el centro del Universo para llegar a ser exitosos, ricos, famosos y aceptados por los demás. Toda la literatura de la superación personal confunden los conceptos de placer, triunfo, fama y riqueza con la felicidad. Se trata de metodologías y técnicas cuya misión es hacer aparecer al yo, al ego, como el punto central de todo éxito en la vida.

La equivocación de base es considerar que la felicidad es un objeto que se encuentra fuera de nosotros, en el mundo exterior. Esta visión sin lugar a dudas responde a lo que podemos llamar la perspectiva materialista, no sólo porque parece fincarse en las cosas materiales, principalmente en el dinero y en bienes e inmuebles, sino por otras razones. Parte de que el yo es el centro material de la vida y los demás sólo son comparsas en el juego de la superación personal.

El ego es una formulación mental que asume el carácter de una "personita" que nos habla para ir por el mundo aprovechándonos de los demás y nos hace creer que sólo nuestros deseos e intereses, nuestras prisas y pensamientos, son lo que verdaderamente valen la pena atender. Los demás son como fantasmas que cobran realidad sólo cuando entran a nuestros propios condicionamientos ególatras. Es decir, la existencia de los demás se nos revela sólo si resultan benéficos o amenazantes para nuestras esperanzas y condiciones de vida.

Pensar en nosotros mismos es el peor hábito mental que podemos tener y es lo que más frecuentemente hacemos. La mente funciona en automático, como si fuera lo más normal e innato. Cuando estar ocupados solamente de nosotros se convierte en un hábito, reaccionamos sin pensar a los sucesos del mundo externo, lo hacemos de modo automático, con plena inconsciencia. Por eso mismo, las personas con un fuerte ego son bastante previsibles en sus comportamientos. Son mentes muy acopladas al principio del yo. Todos sabemos a qué atenernos cuando trabajamos con ellos o los acompañamos: sólo hablan de sí mismos y todo gira alrededor de cómo creen que debieron o deben ser las cosas.

Los refugios del ego se hacen notar en la medida en que se vive en una sociedad de masas y de anonimato. El ego tiene que guerrear para hacerse presente en este mundo. Cuanto más yo y ego existan en alguien, más distancia tendrá que poner entre sí y los demás; entre sí y la realidad. La sensación de estar separado de los otros y del contexto permite a la mente creer que somos únicos e indivisibles.

La figura mental egótica responde a la construcción de una mente que ignora que la realidad es realmente dependiente de otras múltiples causas y efectos; que todo lo que ocurre (incluyendo nuestra persona) cambia, crece, decae y desaparece. Todo se mueve con esta lógica, no busque otra explicación: es una ley sustantiva del Universo, al igual que la gravedad.

El ego es el alebrije mental más fino que nos hemos creado subjetivamente. Suponer que estamos faltos de algo o que algo nos sobra es precisamente el punto nodal de la literatura de la superación personal. Se nos insiste en que no somos lo que deberíamos ser porque en algo estamos fallando. Y así vamos, con la cara encogida y el corazón nervioso, haciéndonos y deshaciéndonos para llenar los requerimientos que la psicología *light* y la administración hechiza nos exigen para el logro de la felicidad exitosa. Así es cómo alimentamos el miedo a no ser lo que debemos ser, la angustia por no realizar lo que tenemos planeado y la frustración por no lograr nuestros esperanzados objetivos. Por eso vamos por el mundo con la sensación de que algo le falta a nuestra identidad. En mucho intentamos compensar este déficit existencial con el consumo exacerbado de un montón de mercancías que, al final, no sirven de nada. La construcción de una identidad personalizada exitosa, simpática, impactante y sonriente es el modelo que nos quiere vender la superación personal.

Es mucha la presión emocional que implica llenar las expectativas que nos imponemos y después realizar las proezas que cada técnica de superación personal nos exigen. Por poner un ejemplo, sólo trate de llevar a cabo los requerimientos del libro Los 7 hábitos de la gente altamente efectiva y verá lo fácil que es volverse loco: victoria pública, victoria privada, sinérgico, gane/gane, primero lo primero, sea proactivo, empiece con un fin en la mente y procure entender lo que son sus zonas de interdependencia, independencia y las de dependencia; cuando llegue a los noventa años posiblemente ya haya construido su mapa de los hábitos efectivos.

Nuestra existencia es resultado de la interdependencia: todo lo que somos en el presente es producto de la mente, propia y de los demás. Las perturbaciones mentales y las aflicciones emocionales y sentimentales son causadas por los impulsos de la codicia (apegarnos a lo que nos gusta y a lo que nos ofrece identidad), el odio (defendernos de todo lo que amenace el ego y el patrimonio físico y material) y la ignorancia (crear ilusiones y engaños sobre la realidad). Son los tres venenos de la mente. Pero el peor engaño que podemos caer es creer que somos lo que creemos que somos. Esta manera neurótica y obsesiva de identificarnos como esto o aquello (como trabajador o ama de casa, estudiante o médico...) y hacer de ello todo el hilo que teje nuestra vida es sencillamente absurda y hasta contraproducente. Nos somos ni lo que hacemos ni lo que dicen papeles oficialmente sellados por las autoridades correspondientes.

La ansiedad proviene de la pérdida, o cambios, reales o posibles, de esos elementos que nos dan identidad y ego. Como la vida por sí misma se transforma, es insegura y básicamente imprevisible, invertimos casi todo nuestro tiempo y energía en defender esa gelatinosa y débil identidad. Y en esa lucha cotidiana se nos van los días, las semanas, los meses, los años y la vida.

El sufrimiento proviene del engaño básico de creer que alimentando al yo-ego, podemos estar más en paz y felices y de que la felicidad es un estado de conquista que se logra con mucho sacrificio, mentalidad maquiavélica, derrotando a los demás. El peso de esa misión de vida, el defender al yo y al ego, nos obliga a estar ensimismados, lo que provoca que vivamos como aturdidos por nuestros largos e intensivos monólogos internos, dedicados a masticar rencores y nostalgias o a refinar los planeas para un futuro maravilloso. Estamos muy habituados a que la mente divague y muy poco a que se ubique en el presente, donde están nuestro cuerpo ¡y los demás!

Sufrimiento y felicidad son estados internos de la mente. Afuera sólo existen condiciones buenas, malas y neutras, favorables, desfavorables o indiferentes a un estado de bienestar o malestar. No se trata de desconectarnos del mundo sino de dejar de alimentar el engaño de que si controlamos y nos apropiamos de las condiciones externas, podremos cumplir nuestros sueños o nuestra misión en esta vida. El que nuestros deseos se cumplan no es garantía para la felicidad. Todo lo contrario, a veces se convierte en nuestras peores pesadillas.

El estrés, los ataques de pánico y la depresión, que son las tres epidemias mentales más características del siglo XXI, en parte tienen su origen (junto a muchos otros factores) en ese anhelo de que el mundo debe de ser como creemos. Cuantas más actitudes egocéntricas tengamos, más fomentamos las perturbaciones y aflicciones mentales y emocionales. Pero ahora ya sabemos que la felicidad sí es algo objetivo. Existe en la zona prefrontal izquierda de la corteza cerebral.

Oponernos al flujo de la realidad impermanente, querer resistir su tremenda contundencia cuando nos enfermamos o cuando un ser amado muere, por ejemplo, no produce sino más sufrimiento. Todos queremos felicidad, pero parece que todo lo que hacemos nos lleva en sentido contrario. La razón es que sencillamente no estamos decodificando adecuadamente los menajes que nos llegan de la mente y del corazón: existimos como parte de un todo. Creernos únicos y estar ensimismados todo el tiempo sólo conduce a una peor patología mental y emocional. Por eso, la raíz de la felicidad es el desapego, entendido como el cultivo de la perspectiva del crecimiento espiritual.

Todo es devenir

Todas las cosas, circunstancias, hechos y eventos que pasan en el mundo empezaron en el mundo interno de uno, de algunos o de muchos. Hemos creído la historia que las cosas suceden de fuera hacia dentro y por eso culpamos a los demás de nuestro sufrimiento (es que mis padres no me quisieron, es que mi novia me abandonó, es que a mi jefe nunca la caí bien). En esa perspectiva se fundan las técnicas y los cientos de recomendaciones que nos ofrecen los autores de la superación personal y de la autoayuda. Pero las cosas no son así. El flujo de la energía de vida es de dentro hacia fuera y después se integra a las redes que sostienen los diversos fenómenos que vivimos. De adentro hacia fuera en interrelación con los demás. La realidad la construimos todos, y cada uno de nosotros es parte de ella. Ni más ni menos, sólo una parte.

Cuando uno se da *verdadera cuenta* de cómo son las cosas, es decir, vulnerables y temporales, siente que la vida es efectivamente, una burbuja, un soplo de Dios. Y, como bien lo había desentrañado nuestro Juan Rulfo, además es corta, "estamos mucho tiempo enterrados". Por eso él dice que nunca le había gustado ahorrar, porque "Dicen que la miseria es terrible, pero que la pobreza es hermosa".[19] No es gratuito que la mayoría de las religiones bendigan la pobreza

---

[19] Juan Rulfo, *Aire de las colinas*, Cartas a Clara, p. 222.

como el estado ideal del desarrollo espiritual; de otra manera, las posesiones nos arrastran a sus cuidados, demandas y necesidades. Cuantas más cosas se tiene, más se vive hacia fuera porque requieren de mucho tiempo y energía para protegerlas.

Hemos insistido que la alegría (el contento), que es el cimiento de la felicidad; sólo aparece cuando hay un estado de desapego. No se encuentra ni recordando hechos memorables del pasado, porque eso es nostalgia y melancolía, ni pensando en un mejor futuro, porque eso es ilusión. El momento presente es la única casa que habita la felicidad. En los otros tiempos y en los lugares donde no esta el cuerpo habitan las perturbaciones mentales y las aflicciones emocionales.

Cuando dejamos de identificarnos con las cosas y, básicamente, con la forma de nuestro cuerpo, podemos encontrar la tranquilidad del paso del tiempo y de lo que sucede. Es inevitable que las formas se debiliten, los cuerpos biológicos se enferman, o pueden vivirse experiencias dramáticas. Pero los estados de disolución, cuando algo deja de ser, son una oportunidad para el despertar espiritual: ¿vale la pena aferrarse a una idea, a una persona, a una casa, a un país, al trabajo, cuando sabemos que todo eso desaparecerá en algún momento?

El despertar espiritual verdadero es posible cuando dejamos de identificarnos con alguna forma –con el nombre, con la familia, con el patrimonio, con lo que nos gusta comer o vestir, por ejemplo. Cambie algún hábito, una acción que realiza ya de modo automático, y verá la diferencia y comprenderá de qué estamos hablando. No se complique mucho: tome una nueva ruta hacia su trabajo o escuela, hable de cosas diferentes, pida perdón a la gente con la que tenga algún enojo, visite una ciudad que no conozca, rompa con las horas de comida, no duerma a sus horas y verá cómo el desapego a las rutinas es una bendición y no, como creemos, una maldición.

No necesitamos tanta tragedia para el despertar espiritual, para abrir nuestra conciencia. A veces lo único que hace falta es darnos cuenta de cómo son las cosas en realidad. No tenemos que esperar una crisis que nos sacuda. El despertar de la iluminación es tomar conciencia de lo que somos, de lo que verdaderamente nos rodea: ver las causas y los efectos interdependientes de lo que surge y de lo que deja de surgir. Así comprendemos los ciclos activos del crecimiento, la expansión y el fin.

Para poder navegar por las tormentas de la vida, que son muchas por cierto (las enfermedades, los accidentes, las muertes, tener lo que no se quiere, no tener lo que se quiere y perder lo que se ama), no hay mejor formación que el cultivo de la compasión, de la cual hemos hablado. Enfrentar con compasión los asuntos drásticos y dolorosos de la vida nos hace ser un poco más livianos y prudentes frente a este tipo de eventos, casi siempre imprevisibles y sorpresivos. La compasión, el deseo y la acción para que los demás dejen de sufrir y estén bien, incrementan considerablemente nuestra capacidad de recuperación en los tiempos posteriores a la tragedia.

No se trata, evidentemente, de fingir que no suceden cosas importantes, aunque la verdad muy pocas lo son. Tampoco es cuestión de justificar actos erróneos y arbitrarios de personas que agreden o abusan de otras. Hablamos, más bien, de tener un espíritu suficientemente sabio, capaz de entender la humanidad que existe en esas tragedias o en esos comportamientos abusivos. Comprender sólo es posible con la condición de que hayamos bajado las defensas mentales y emocionales, que nos caracterizan en una u otra identidad y que nos obligan a mantenernos aferrados a ciertos hábitos y moldes mentales.

Lo bueno y lo malo forman parte de un mundo que es inherentemente imperfecto. El caos y muchos de los eventos que vemos en las noticias (como los atentados, los accidentes aéreos o los miles de niños y niñas que se mueren de hambre en África por las sequías del calentamiento global), parecen no tener sentido, son absurdos, carecen de un átomo de misericordia. Pero quizá sea la única manera que tiene el Universo de hacernos ver cómo es el flujo real de la vida, para que despertemos de la ignorancia en que estamos sumergidos cuando el yo-ego se ha convertido en lo que más importa.

El crecimiento espiritual no es más que comprender, con cabeza y corazón, cómo fluye el amor: esa fuerza que hace que todo parezca un milagro de la energía divina. Cuando acompañamos ese flujo en su ciclo natural de aparecer, crecer, decaer y morir, entonces comenzamos a vislumbrar lo correcto de lo incorrecto. Si fluyendo con ese ciclo desaparecen el miedo y la ansiedad, los estados de pánico y el estrés, entonces podemos afirmar que han sido derrotados los tres venenos que atosigan hoy en día a todas las sociedades y que diariamente nos hace ponernos unos contra los otros.[20]

Por eso, el desarrollo bajo el principio del amor parte de la idea de que todos tenemos dentro un núcleo no corrompido por los hechos ingratos de la vida, y que se encuentra

---

[20] Recordemos que los tres venenos mentales son: la codicia, el odio y la ignorancia.

en plena condición para convertirse en una presencia dominante en nuestra existencia. Es algo que los problemas, los conflictos, los enfrentamientos y las agresiones no pueden desparecer. Para algunos es el Espíritu Santo o el soplo de Alá, la budeidad o la naturaleza en su máxima expresión universal, ¿quién sabe? Lo que importa es darnos cuenta que es el centro que inicia el camino hacia lo que hemos buscado desde el inicio de este libro: cómo ser felices sin atraer sufrimiento.

Son muchas las respuestas, por eso tenemos que saber respetar absolutamente las diversas religiones y filosofías. Para algunos, el contacto con ese núcleo del amor esencial puede lograrse realizando actividades altruistas; para otros puede ser estar con su familia, cuidándola y ocupándose de ella completamente; para otros puede ser entregarse a las oraciones y ceremonias de su religión o filosofía; para otros puede ser simplemente trabajar. Hay muchas maneras para vivir en ese núcleo central. Lo que importa es reconocerlo.

Cuando dejamos de insistir en nuestra identidad personal y volteamos hacia dentro, descubrimos a todos los demás. Vivir adentro es estar plenamente fuera, integrados en el flujo de la existencia y mucho más dispuestos a arriesgarnos con las experiencias que nos ofrece el propio devenir de la existencia.

Así es como dejamos de dar tanta importancia al mundo material, a las cosas de fuera, y nos ocupamos verdaderamente de las personas que nos rodean y de nuestras sociedades. La distancia sufriente entre la persona y los demás se reduce drásticamente. En consecuencia, dejamos de resistir y de pelear con los acontecimientos. Comenzamos a sentirnos parte de un todo mucho más poderoso que el yo. Éste tiende a desparecer y, por ende, la neurosis de los pensamientos ensimismados deja conducir nuestra existencia. Por fin compartimos, sin culpa y sin pena. Compartimos porque ya no retenemos nada. Cuando fluimos en paz, y sin resistencias, lo tenemos todo. La bondad nace cuando nos permitimos ser con los demás. La bondad es, dice Piero Ferrucci, un recurso energético, como el petróleo, el agua o la energía eléctrica, sólo que es infinito porque mientras más se da y se utiliza, más crece. Por eso es necesario estar convencido de que todos tenemos que educarnos en ella, como insiste el XIV Dalai Lama, encontrar las diversas maneras de enseñarla, practicarla y trasmitirla de unos a otros. Hay que hacer de la bondad una moda, sostiene Ferrucci.

El obstáculo mayor para el cultivo de la bondad son el rencor y la codicia. Por eso los cristianos antiguos y los budistas han desarrollado algunas técnicas para manifestar bondad hacia los demás. La más socorrida es simplemente tratar de colocarnos en el lugar de la persona que nos ha lastimado o que no nos gusta. Intente, sin justificar, de imaginar sus sufrimientos, sus deseos estropeados y sus aferramientos enfermizos a ciertas ideas y creencias. Imagine a esa persona, su enemigo, quien le agredió, ya sea física o psicológicamente, o que le haya robado. Seguramente lo hizo porque es completamente ignorante: no sabe que así no se consigue la felicidad, que es lo que al final de cuentas está buscando. Su confusión mental lo llena de problemas y miedos. Comprender no es aceptar, sino entender.

De ahí que la actual y obsesiva búsqueda de la superación personal no tenga éxito alguno. Si nos proponemos como meta existencial lograr lo mejor sólo para nosotros mismo o, como máximo, para nuestra familia cercana, nos agotaremos inútilmente en la acumulación de cosas buscando seguridad y estabilidad. Es una tarea, por decir lo menos, sumamente solitaria y, por si fuera poco, invadida de una sensación de desprecio y amenaza de y hacia los demás. Este enfoque, como hoy se ve en las epidemias de estrés, pánico y miedo desatado, esta destinado al fracaso rotundo.

Poner atención

Lo más común en nuestro comportamiento es responder a los estímulos exteriores de un modo automático, habitual e inconsciente. Se puede decir que todos hemos fabricado un cerebro que decodifica las señales del exterior siguiendo tres fuerzas que nos han dominando por años y años:

1. El poder de la genética y la biología;

2. La cultura familiar y comunitaria en que la hayamos crecido y;

3. Las experiencias de alegría y sufrimiento que hayamos vivido.

De modo resumido pueden llamarse la fuerza del genoma, la fuerza cultural y la fuerza de las costumbres.

Lo que importa destacar en esta ocasión es que to-das nuestras respuestas, reacciones y acciones –defensivas y ofensivas– provienen de un modelo mental que interpreta inconscientemente lo que nos afecta positiva o negativamen-te, e incluso lo que simplemente no nos importa. En la ma-yoría de los casos, cuando nos dejamos llevar por alguna las tres fuerzas del inconsciente, nuestras acciones tienden a ser bastante inadecuadas, erróneas y estúpidas. Cuando hace-mos las cosas de manera automática e inconsciente casi siempre afectamos a los que están alrededor. Ello porque, de modo inherente, lo que brota de la inconsciencia casi siempre son los tres venenos: la codicia, el odio y la ignorancia. En otras palabras, todo acto inconsciente conlleva pensamientos perturbados y aflicciones emocionales que nos dañan a nosotros mismos y a los demás.

He aquí la alta prioridad de ir gradualmente eliminando los actos inconscientes de nuestra vida. Esto se logra con la virtud de la atención, también llamada percatación, que no es más que estar vigilantes a los que está surgiendo en nuestra mente (los pensamientos), en nuestro lenguaje (la comunicación) y en nuestras acciones (la conducta) como se vio en el pasado capítulo. Tener una vida iluminada no significa un estado místico o extrasensorial. Es sólo que despertamos de una vida dominada por la inconsciencia. Igual que cuando dormimos, que es una situación en la que no tenemos ni la más remota posibilidad de controlar y conducir el sueño, en la inconsciencia los seres humanos se niegan la libertad de controlar y conducir su vida –que es lo único en que verdaderamente podemos intervenir de modo eficiente.

En este sentido es importante reconocer que tener buenos comportamientos implica haber integrado previamente en nuestro espíritu buenos sentimientos. La clave de este asunto es saber comportarnos frente a un hecho que nos provoca dolor, sufrimiento o pena, o cuando estamos alrededor de un evento de alegría y contento.

Para reconocer el mejor comportamiento posible que podemos ofrecer a los demás no hay más que estar plenamente atentos a los elementos y variables que están en proceso en ese momento. Esa atención implica tener la capacidad de reflejar la realidad como si la mente fuera un espejo de ella. Nosotros integramos la imagen reflejada en nuestra conciencia y así podemos sopesarla y evaluar. De aquí nace la reacción consciente de un buen comportamiento, que evita generar más sufrimiento o, en su caso, procura ofrecer elementos para el contento y la felicidad de los otros.

Se trata de que la atención, la *percatación*, nos permita tener una cierta perspicacia y sensibilidad para comprender en sus dimensiones más importantes los eventos. Así se cimientan la delicadeza y la expresión más adecuada de nuestros pensamientos y acciones. Una conducta consciente y atenta siempre es una acción contundentemente amable y cariñosa.

El sólo hecho de atender lo que estamos haciendo, visualizando los efectos que puede tener en los demás, ya implica un cierto grado de movilidad fuera del hábito mental, lo cual desarrolla nuevas conexiones entre las neuronas cada vez que aplicamos conscientemente la atención. Además, esta forma de llevar las cosas de la vida tiene muy buenos resultados porque nos permite apuntar nuestras energías y emplear nuestro tiempo en la actividad que hemos elegido conscientemente. Esa conciencia de acción nos conecta de modo directo con todas las personas que están de una u otra manera implicadas en la misma tarea. La atención nos permite observar y sentir a todos los que están en nuestro ámbito.

La próxima vez que vaya usted a su trabajo, a la escuela o a su casa, por favor, mire muy bien a su alrededor. Hágase la pregunta más obvia, que nunca nos planteamos: ¿quién me acompaña en esta tarea? (ya se trate de hacer un reporte, estudiar para un examen o lavar los platos de la comida).

Observe a su alrededor la presencia de los otros.

Vea en este libro, como nos dice Thich Nhat Hanh, el sol y la tierra que dieron lugar al árbol del que se fabricó el papel que ahora tiene en sus manos. Observe cómo las escuelas están llenas de trabajo y vida: alguien limpia los salones, alguien atiende la papelería. Reflexione sobre la cantidad de personas que intervienen para que un alumno pueda estudiar. Vea las manos de los albañiles que construyeron su casa, el plomero que compuso la llave de agua cuando se descompuso; vea en las frutas y verduras las manos que trabajaron para que usted los comiera en este momento. Por favor, vea la rica presencia de la vida que hay invertida para que usted pueda experimentar su presente.

Desplegar toda la fuerza de la atención plena necesita voluntad, seguramente al principio nos podrá parecer agotador. Estamos muy habituados a hacer las cosas como siempre, lo cual implica un mínimo de atención consciente sobre nuestros actos. Entre más habituados estemos a algo menos atención requerimos para hacerlo. Por eso la costumbre de ciertos estados mentales negativos es mucho más fuerte de lo que creemos. Por ejemplo, pregúntese sobre esa persona que tanto odia, ¿no le parece que ya es tan común y recurrente ese sentimiento que se siente a gusto con él?

Robin S. Sharma, que es el autor del afamado libro *El monje que vendió su Ferrari*, dice que la voluntad es la reina de los poderes en la mente. Al dominar la mente por medio de la voluntad se dominan las acciones que surgen como motivación o intención. Pero para dominar voluntariamente la mente, es decir con conciencia, tenemos que dominar de lo que está hecha: los pensamientos. Esto se logra con ciertas habilidades como el reconocerlos, aceptarlos y transformarlos. Cuando logramos observar esos pensamientos –que, por cierto, casi siempre se asumen como si tuvieran una realidad concreta y palpable– vemos su vulnerabilidad e impermanencia. Así podemos evitar las malas conductas: detectando a tiempo los malos pensamientos que las anteceden siempre.

En este contexto, es recomendable buscar un punto de apoyo para acomodar con simplicidad nuestra actitud amable con los otros. En general, en distintas circunstancias, aparece la posibilidad de irnos a los extremos: salir huyendo o enfrentar con violencia las situaciones. La búsqueda del Camino Medio, del que ya hablamos, no es una cuestión filosófica sino bastante práctica. En los puntos medios se encuentra la verdadera armonía, la sincronización de los mundos interno y externo pero, principalmente, es donde florece en toda su potencialidad la relajación, tanto corporal como mental. No tome tan en serio la vida pero tampoco la ningunee. Cuando tenemos la conciencia y la voluntad de actuar en el Camino Medio de inmediato aparece el relajamiento, que es el antídoto ideal para el estrés y ayuda mucho a controlar los pensamientos. De esta manera se equilibran nuestras reacciones frente a los estímulos del mundo externo.

Para tener buenos resultados en el empeño de conducir nuestras acciones y conductas por el Camino Medio, se puede obtiene un excelente apoyo en las técnicas de meditación, que nos ayudan evadir los extremos y encontrar el punto correcto: recuerde que la vida pocas veces es blanca o negra, casi siempre aparece en diversos tonos de gris, ésa es la verdad.

La meditación es la ciencia de la observación, la atención y la reflexión. Se basa en un simple principio: una mente clara y estable es capaz de sentir y ver mejor las cosas de la vida –que incluyen hechos, eventos, pensamientos, emociones, imágenes e ilusiones. Se trata de explotar asertivamente los canales intuitivos de sabiduría que toda mente posee por naturaleza propia. La acción y la conducta buena, amable con el medio físico y social, se expresan cuando conocemos, en pensamiento y sentimientos, datos e información suficientes para dirigir correctamente nuestros actos.

De nuevo, cuando nos soltamos al flujo de la vida sin crear resistencias, integramos nuestra mente con el cuerpo del presente y somos capaces de estar en los zapatos de los demás, aprendemos efectivamente a no blindar, a no negar, nuestra naturaleza última de ser bondadosos y realmente a valorar lo que ya tenemos. La insatisfacción, madre mayor de la ansiedad y el miedo, no tiene cabida en un carácter de esta naturaleza. Dejamos de luchar contra las realidades que ya son, y, lo que es más importante, dejamos de alimentar la insatisfacción.

La atención consciente, realmente la única herramienta específicamente humana, también nos permite garantizar que vamos a dejar de hacer daño a los demás y a nosotros mismos. Para lograrlo debemos buscar cierta utilidad a nuestra estancia en el mundo, principalmente viendo cómo podemos cooperar para que las cosas por lo menos no empeoren. Pero no es fácil; estamos muy acostumbrados a reaccionar frente a cualquier provocación o amenaza a nuestro yo-ego, y ya sabemos que ese modo de inmediato causamos daño.

Por esta razón es importante saber tratar a las reacciones negativas de modo adecuado. Frente a la ira, la tristeza o el conflicto tenemos que buscar reaccionar con bondad. No se trata de no enojarse ni de negar todo lo malo que tenemos dentro. Es necesario tratar esas perturbaciones emocionales y aflicciones emocionales con cariño, con paciencia. Hay que saber enfrentar nuestros demonios –ni el Buda ni Jesús se salvaron de estas tormentas. Enfrentarlos significa aprender a aceptar lo que es este mundo. Tal y como es. Hemos de tomar conciencia de que siempre estamos huyendo del dolor y de los miedos. Es hora de asumir las consecuencias de nuestras debilidades, aceptándolas. Nada que esconder, nada que reprimir, pero tampoco nada que sublimar, ni reprimir.

En el campo espiritual, poco importan el sexo, la nacionalidad, la edad o los antecedentes familiares. Ahí predomina el presente como un estado hegemónico en la mente. Estar donde se está es uno de los mejores esfuerzos que podemos realizar para quedar en paz y amor con la realidad. Sólo en el presente se abre el corazón. Lo importante es ser compasivos porque sólo así lograremos paz y satisfacción. Poco importa si no tenemos nada o tenemos mucho; la compasión nos vuelve sensatos para con los estados emocionales y físicos de los demás. Ya sabemos, no podemos ser inocentes: donde está la divinidad está también el diablo. Siempre hay que actuar bajo esta premisa. Lo demás son cuentos y leyendas.

Mejorar lo que somos

La mayoría de los accidentes que sufrimos, de los malentendidos que tenemos con el prójimo y de los conflictos de convivencia, tienen su razón en nuestra falta de conciencia y de atención en lo que hicimos, en los efectos de estas acciones. El desorden y la distracción mental son el combustible más poderoso para los pensamientos impulsivos y las emociones apasionadas que, a su vez, son el cuerpo formal del ego. El ego está hecho de pensamientos burdamente egoístas y de emociones incitadas por los deseos utilitarios e individualistas.

Una mente despierta ante lo que está pasando puede tener un ejercicio desapasionado mucho mejor para la acción sin consecuencias negativas. Esto nos lleva a postular que el bien común es una misión desapasionada a favor de los demás. Pensar más a allá de nosotros mismo destruye la sensación de separación entre nuestra persona, la realidad y los demás y es precisamente el inicio de cualquier camino espiritual. El Camino Medio integra las acciones realizadas bajo principios equilibrados y concientes; reniega de la pasión y de las prisas absurdas con las que a veces nos queremos sentir muy ocupados (viejo pretexto para no experimentar el miedo y la soledad que brota cuando nos quedamos quietos algunas horas). Todos hemos tenido esas prisas neuróticas, inútiles, que vivimos cotidianamente.

La atención para conocer y entender el medio humano y ambiental en que nos desenvolvemos se hace acompañar no sólo de la paciencia sino también de la moderación y de la responsabilidad. Es importante realizar un acto de devolución cuando algo nos ha sido prestado o dado y responder con sensatez y dulzura a los estímulos exteriores. Así nos responsabilizamos de los bienes y servicios que consumimos. Nos hacemos responsables del mundo en que vivimos, sin señalar culpables ni, mucho menos, creer las leyendas místicas del ego de que somos los únicos que deseamos y sufrimos. Por eso, la *percatación* de nuestros hábitos mentales, de nuestros usos y costumbres, nos permite observar la manera en que hemos reproducido constantemente nuestros errores y engaños.

Evidentemente, es legítimo el deseo y la voluntad de tener una mejor vida, mayor tranquilidad, una familia donde recrear el amor cercano o un buen trabajo. Todo lo que sea para bien, está bien. El problema es que la literatura de la superación personal y de la autoayuda quiere que obtengamos esos objetivos por medios equivocados: exaltando al yo, ponderando al ego como lo más importante; haciendo de la trampa y la simulación las armas más recurrentes en la competencia de uno para apalear a muchos. Es totalmente legítimo tener la voluntad de mejorar lo que somos. Para eso existen la sabiduría y las grandes tradiciones humanistas y religiosas, que llevan siglos buscando las mejores respuestas a las preguntas de siempre: ¿cómo ser feliz y no sufrir?, ¿cómo lograr seguridad para nuestra familia y nuestra vejez?, ¿cómo disminuir la amenaza de un mundo decadente y lleno de dolor?

El crecimiento de la conciencia funciona igual que la reingeniería administrativa: es un proceso difícil, de resultados lentos que sólo se disfrutan en el largo plazo y cuyos éxitos, la mayor parte de las veces, resultan bastante intangibles. No es un camino rápido. Se requiere de mucha decisión para aceptar, antes que nada, que cada uno es apenas una burbuja en un mar inmenso de personas, eventos, circunstancias, historias e ilusiones. Son acciones pequeñas, poco dramáticas, aunque consistentes. Pero siempre se pasa a la acción.

Las acciones enfiladas al cambio personal se ordenan en el campo del crecimiento espiritual de una manera cómoda y fácil. No se trata de recurrir a los sacrificios y torturas; si algo no te produce contento, déjelo por la paz. Se trata de remodelar nuestra mente para hacer surgir pensamientos y emociones innovadores, que deberán procesarse para ir incrementando gradualmente la atención, el conocimiento y la sensibilidad frente a los estímulos exteriores y a lo que brota del núcleo central de nuestra divinidad interna. Ya sabemos que para superar las perturbaciones y aflicciones mentales y emocionales hemos de practicar el desapego y cultivar la compasión y la bondad.

Gradualmente, poco a poco, podemos ir caminando con atención y *percatación*. Quizá pueda comenzar con cinco o diez minutos al día. Tome conciencia de su respiración y voltee a su alrededor para ver qué es lo que está sucediendo verdaderamente. Ya lo sabe bien: no juzgue, no catalogue nada ni tampoco genere dentro de usted algún aferramiento a lo que le gusta ni aversión a lo que no le gusta. Deje que el perro ladre, no se enoje, tampoco se apasione, tome plena conciencia de que todavía no existe un perro que haya ladrado por una eternidad; el perro de su vecino callará en algún momento, se lo prometo.

La reingeniería del Camino Medio, dentro de la estructura de la enseñanza del budismo, además de hacernos responsables de nosotros mismos y de lo que nos rodea, además de aligerarnos el peso de las culpas gracias a la conciencia de la ley de causa y efecto y de hacernos flexibles mentalmente, también define lo que se llama el Noble Óctuple Sendero. Éste nos requiere atender, de modo correcto y sin ego, ocho esferas de nuestro existir cotidiano: visión, pensamiento, habla, acción, modo de vida, esfuerzo, atención y contemplación.

Por ejemplo, aplicar el modo correcto al modo de vida implica tener trabajos que no tengan ingredientes de engaño, traición, usura o trampa. Cada uno de los ocho campos define una actitud basada en la conciencia de la plena atención. Para medir qué tan correcta o incorrecta es una acción hay que saber observar si los resultados de lo que hacemos sirven a los otros, si con ello tenemos un nuevo aprendizaje y si no hacemos daño a terceros. Por eso al Camino Medio se le llama también el *camino del corazón*.

Aquí se trata de tomar muy en serio todo, todo lo que uno piensa, dice y hace. Cada acto se convierte en nuestro objeto de conciencia inmediata: observamos todo lo que estamos haciendo —no más inconsciencia, no más perturbaciones, sin miedo, atentos. Es algo similar a la famosa teoría de las "ventanas rotas" que sostiene que, si en una ciudad se toleran las infracciones menores (como pasarse la luz roja, quebrar una ventana, tirar basura en la calle, no dar el paso al peatón) en la práctica se fomentan los delitos graves.[21] En otras palabras, los pequeños descuidos, desórdenes y accidentes van marcando una tendencia para las grandes injusticias, para la agresión de masas y para el abuso de los poderos contra los débiles. En toda gran tragedia, se esconden minúsculos descuidos. Por lo tanto, recuerde: por más pequeño que sea el resultado de nuestra conducta para con los otros, tiene sus repercusiones cuando se suma y coopera con una tendencia mayor.

Antes de lamentar nuestros errores debemos practicar la atención preventiva, que observa con sabiduría y bondad las interacciones y las interdependencias que existen en todo acto humano. Aprendemos poco a poco a captar las reacciones intelectuales y emocionales frente a los diversos acontecimientos que experimentamos, en lugar de dejarnos ir con las fuerzas de la automatización inconsciente de hábitos y costumbres.

Estar despierto puede lograrse de ya; no se necesita más que la voluntad de observar lo que está pensando, lo que se está diciendo y lo que se hace. Así la atención plena permi-

---

[21] La teoría de las "ventanas rotas" fue expuesta por los criminólogos estadounidenses James Q. Wilson y George L. Kelling. Posteriormente dio forma a la política pública de "Tolerancia cero" en New York.

te que la conciencia vibre al ritmo de lo que sucede en su interior y en su alrededor que, al final de cuentas, es lo mismo. Estar alerta es el punto sustancial de la práctica espiritual del Camino Medio. El meollo es supervisar cómo operan nuestros hábitos, las intenciones que de verdad traemos entre manos y analizar con cuidado en dónde nos enfrascamos. Ya no olvide sus llaves por favor, ya no ignore a su pareja, no prejuzgue a sus hijos, no desoriente a sus amigos para que lo favorezcan; deje en paz a su yo, deje de estar ensimismado y verá que todo se irá aclarando. Ya sabe, poco a poco.

Hay una serie de cosas que debemos hacer en una sociedad como la que vivimos: trabajar, estudiar, divertirnos, viajar, descansar viendo la televisión, ir con los amigos o las amigas... todo está bien. Sólo que ahora vamos estar atentos y procuraremos aplicar sabiduría y bondad a todo lo rutinario y común que hacemos. Con el tiempo iremos dejando de lado las cosas que no son importantes (ya lo sentirá usted claramente) e iremos invirtiendo energía y esfuerzo a las cosas que sí son significativas. ¿Cuáles son? Sólo usted lo sabe; no permita que nadie se lo diga, ya que ésta es la base de la propuesta de su vida para con los demás. Por tanto, déjela en secreto, junto a su corazón. Ése es su diamante interno, que alumbra todo aquello que es oscuro y sufriente.

Para que salga la luz de la propuesta del diamante, es necesario salir del mundo mental de los hábitos y de lo conocido. La idea es hacer lo mismo de siempre pero con actitud de que todo es nuevo, poniendo atención plena hasta en el acto más conocido y rutinario. Recuerde siempre: todo es nuevo. Científicamente lo es pues nada es igual a sí mismo momento a momento; todo es impermanente, cambiante, nada es estable. Hasta las cosas más duras y perennes son gelatinosas, insustanciales, prestas a desaparecer, incluyendo su yo y su ego.

Ir con los demás

Recordemos que la riqueza, el éxito, la fama y la alabanza constituyen los factores más fuertes del apego (codicia) y de la aversión (odio) y producen los mayores anhelos y deseos que terminan en la agresión. Sus contrarios (la pobreza, el fracaso, el anonimato y la crítica) nos producen rechazo y, en pocas palabras, son la base del odio. Procuramos hacernos de todos los objetos de deseo posibles, acumulando el máximo de posesiones y viviendo el mayor número posible de experiencias placenteras. Pero el *quid pro quo* de todo este asunto es que, entre más nos esforzamos e idealizamos la posesión de objetos y la realización placentera como elementos de la felicidad, mayor es la probabilidad de sufrimiento y frustración. Todos los objetos de deseo y los placeres son mutables, cambiantes y nunca logran llenar las expectativas que nos hacemos. Por eso el desencanto es uno de los síntomas más notables de nuestra era y, en consecuencia, hace más desesperante y neurótica la búsqueda de la felicidad.

A pesar del estrés, la frustración y la ansiedad por no encontrar la satisfacción y la felicidad, la mayoría de nosotros nos quedamos en este mundo porque en el fondo sabemos que nuestras estrategias son equivocadas: no sabemos cuáles son las correctas. A diferencia de la evolución de nuestro cuerpo, que lo hace sin pedirnos ningún consentimiento, el desarrollo espiritual sí es algo que podemos elegir conscientemente. Asumiendo que afuera (posesiones físicas y placeres temporales) no está la felicidad, podemos decir que lo único que nos queda es adentro; esta hipótesis podemos trabajarla como una elección voluntaria y conciente.

Aquí resaltan dos poderes de los que hemos hablado mucho en este libro: el que sostiene la dinámica existencial de las redes (somos puntos de interacción de miles de causas, condiciones e interdependencia) y el de la atención conciente y plena (somos una mente que observa: percatación). El primero nos permite sostenernos con seguridad y tranquilidad, pues sabemos que formamos parte de un todo. El segundo poder nos capacita para estar enterados y despiertos ante las maneras en que reaccionamos frente a los impulsos exteriores e interiores. La conciencia de la red y de la atención nos permiten descubrir, asertivamente, cómo funcionan los problemas y cómo trasformarlos para beneficio de los demás. Así nos apartamos de la distracción, el nihilismo y la decepción. Todo se vuelve una aventura.

Esta propuesta tiene el objetivo de llevarnos mucho más allá de nosotros mismos y eliminar la ilusión de que estamos separados. Al desprendernos voluntariamente de nuestros objetos de deseo y de placer, logramos de una vez por todas superar el miedo. Para ello, ya lo sabemos también, es necesario educarnos (rediseñarnos) en actitudes virtuosas como la generosidad, la disciplina, la paciencia, la alegría, la meditación y la sabiduría, que en el budismo son llamadas las seis *paramitas*.

Cuando subyugamos la estimación propia del yo y el apego del ego a los objetos y placeres, entonces estamos capacitados para reaccionar de modo objetivo y ecuánime tanto hacia lo bueno como lo malo; tanto a la verdad como a la mentira; tanto a las buenas noticias como a las malas. Logramos de ese modo integrarnos al flujo de la realidad tal y como es; ningún evento se personaliza ni mucho menos aplicamos el esquema de culpables e inocentes. Estamos convencidos de que no podemos tener ningún poder sobre los hechos ya sucedidos. Ya no nos resistimos a lo que sucede en el presente y, por ende, los sucesos en el exterior dejan de ser los factores que definen si somos o no felices. En nuestro mundo urbano, posmoderno, con ingredientes mayúsculos de desigualad, corrupción e impunidad y sus manifestaciones individuales como el estrés, el miedo y la angustia, se requiere poner énfasis en la conciencia de la interdependencia (todo lo que hacemos tiene un efecto en los demás y en el medio ambiente), en la práctica de la bondad (desear que los otros se liberen del sufrimiento) y de la paciencia (saber aceptar las cosas tal y como son). La sensatez, de la cual estamos sumamente urgidos, nace de la combinación de esas tres prácticas sustantivas en el Camino Medio. No son una filosofía, ni una religión, ni mucho menos una técnica, sino un modo práctico de estar en el mundo de hoy. Se trata de dejar de ser una persona pre-ocupada, frustrada y ansiosa para convertirse en alguien tranquilo y compasivo.

Cada vez que puede Fernando Savater dice que a los humaos nos encanta imitarnos unos a otros, siempre lo hemos hecho y, precisamente ésa es la causa de la civilización donde, a pesar de todo, podemos entendernos unos a otros. La imitación requiere de una identificación con los demás, es decir, dejar de ser uno para ser el otro. Por esta razón nos cuesta tanto percibir lo que realmente somos, porque estamos hechos de las partes de miles y miles de otros: nuestros abuelos, nuestros padres, hermanos y hermanas, amigos de la niñez y juventud. También de nuestras parejas, de nuestros enemigos y hasta de los que no conocemos, de los extraños.

No somos lo que percibimos. Sólo podemos encontrarnos cuando estamos con los demás. Por eso el yo es una ilusión, una formación mental, que se cree autónomo e independiente pero que no lo es porque está hecho del prójimo. Ni es independiente porque, para haber nacido, para existir y para poder sobrevivir, depende absolutamente de otros.

Toda la estructura final del cristianismo y del budismo se ordena en función de la salvación, en el primer caso, de la iluminación en el segundo. Ambos puntos de llegada significan una trasformación que nos lleva del sufrimiento a la felicidad. Por fin dejamos de Ser para fluir. No se trata, obviamente, de integrarse de modo ortodoxo y sectario a una práctica u otra (muchas sectas se manejan como instituciones voraces que sólo explotan la necesidad de las personas que desean estar bien y ser felices). Se trata de canalizar la conciencia, la mente y el cuerpo hacia un proyecto durable, dirigido a la desintegración de nuestros egos, o sea, a la anulación del ensimismamiento.

Por tanto, no hay que creer en la mayor parte de la literatura de superación personal que promueven el individualismo exacerbado, una mayor potestad al ego y la consecución obsesiva y maquiavélica del éxito, la riqueza, la fama y la alabanza.

Practicamos observar aquello que surge y la paciencia de permitir que se vaya. Afectuosamente nos reconciliamos con nosotros mismos y, en consecuencia, con todas las partes que los demás han aportado para nuestra existencia. Ya no nos agitamos por las cosas que suceden. Abrimos el corazón y, en esa medida, alimentamos la sabiduría de que en realidad no somos nada, (nada duramos, ni permaneceremos) porque ya somos todo lo que buscamos: incluso la felicidad. Estamos despiertos para amar a los demás y somos por fin plenamente vulnerables ante la vida y sus circunstancias. Estamos en paz, serenos y vivos, ésta es nuestra naturaleza última, no otra.

En fin, el único consejo que le puedo dar después de todo este libro es que deje de pensar en usted, *abandone hoy mismo su yo*. Le aseguro que estará bien y, ¿por qué no?, tal vez logre estar mejor, y feliz.

FRASES DE INTERÉS

Alrededor del capítulo 1

¿No podríamos intentar comprender el devenir humanizador de la humanidad –cómo los hombres nos hemos ido auto inventando como humanos– desde un punto de vista hospitalario?

Fernando Savater

Estos datos sugieren conclusiones importantes. La primera es que nuestra creciente tendencia a conseguir todo lo mejor no está haciendo ningún bien.

Richard Layard

Tarde o temprano, el desorden irrumpe en la vida de todo el mundo, independientemente del número de pólizas de seguro que se tengan.

Eckhart Tolle

Si una burocracia representa menos que la suma de sus partes, una red equivale a muchas veces la suma de sus partes.

Marilyn Ferguson

Nuestra conciencia limítrofe sirve para consolidar las barreras ilusorias no solamente entre las personas sino entre toda una vida y nosotros mismos.

PAUL PEARSALL

El deseo de saborear la vida es, creo, lo que nos impulsa en primer lugar por el pasillo de la autoayuda. La mayoría no sufre de verdaderas adicciones, ni está limitada por la baja autoestima, ni lucha contra recuerdos reprimidos: éstos son señuelos del movimiento de autoayuda. Lo que realmente nos lleva a buscar ayuda es una sensación igualmente atemorizante: la de estar vivo y, sin embargo, no estar viviendo en verdad.

PAUL PEARSALL

Utilizo frecuentemente la expresión "ataque de pensamiento" para describir la manera en que el pensamiento se nutre así mismo. Un pensamiento lleva a otro y éste a otro... como resultado, los sentimientos de estrés tienden a justificarse.

RICHARD CARLSON

De las cosas pequeñas a las cuales honramos y proporcionamos cuidados, nacen las cosas grandes.

ECKHART TOLLE

El problema actual es que ya no creemos en las cosas sino en los símbolos, por lo tanto depositamos nuestra vida en ellos y en su manipulación. De este modo, somos manipulados por los símbolos que tomamos con tanta seriedad.

SHUNRYU SUSUKI y otros

Quizá entonces quiero saber el futuro para prepararme para las cosas que vendrán.

Si son cosas buenas, cuando lleguen serán una agradable sorpresa —dijo el adivino. Y si son malas, empezarás a sufrir mucho antes de que sucedan.

Quiero saber el futuro porque soy un hombre. Y los hombres viven en función de su futuro.

PAULO POLEO

ALREDEDOR DEL CAPÍTULO 3

Cuando el buda reunió a sus discípulos a su alrededor en el Parque Deer, no comenzó sus lecciones con la belleza de la iluminación y la liberación, sino con la Primera Verdad Noble; la Verdad del Sufrimiento. Comenzó diciendo que el descontento, la infelicidad y la tristeza son universales, que todo lo que deseamos y ansiamos, incluida nuestra vida, terminan llegando a su fin y que quererse aferrar a ella es, por lo tanto, un acto fútil.

MICK BROWN

La segunda verdad es que el sufrimiento se vuelve mucho pero porque pensamos que no deberíamos de tener que sufrir.

PAUL PEARSALL

Tradicionalmente se dice que la raíz de la agresividad y el sufrimiento es la ignorancia. Pero ¿qué es lo que ignoramos? Atrincherados en la visón túnel de nuestros intereses personales, ignoramos nuestro parentesco con los demás... estamos interconectados con todo, para comprender mejor que cuando lastimamos a alguien nos estamos lastimando a nosotros mismos.

PEMA CHODRON

161

La vida es un viaje a través del tiempo. La experiencia puede ser única e idealmente gozosa. Es una lástima para la mayoría de nosotros. En vez de gozar el viaje, nos preocupamos demasiado acerca de a dónde vamos, dónde hemos estado, que deberíamos llevar con nosotros y que sucedería si lo perdiéramos.

PATRICK RIVERS

Si bien el cuerpo es muy inteligente, no está en capacidad de distinguir entre una situación real y un pensamiento. Para el cuerpo un pensamiento preocupante o amenazador significa "estoy en peligro", llevándolo a reaccionar de conformidad, aunque la persona esté descansando en una cama en la noche.

ECKHART TOLLE

ALREDEDOR DEL CAPÍTULO 4

Nos esforzamos por sentirnos bien y evitar el sufrimiento, no momento a momento, sino en general. Sin este impulso, los humanos hubieran perecido hace mucho tiempo. Lo que nos hace sentir bien (el sexo, la comida, el amor, la amistad, etcétera) es también positivo para nuestra supervivencia. Sin embargo, lo que nos causa sufrimiento es malo para esta supervivencia: el fuego, la deshidratación, las sustancias venenosas o el ostracismo, entre miles de otros fenómenos.

RICHARD LAYARD

En ningún otro momento somos más esencialmente nosotros mismos que cuando estamos en estado de quietud. Es ese estado somos lo que éramos antes de asumir transitoriamente esta forma física y mental llamada persona. También somos lo que seremos cuando la forma se disuelva.

ECKHART TOLLE

Pero, por inteligentes que sean, los debates sostenidos en las altas esferas del espíritu son siempre miopes con respecto a lo que, sin razón ni lógica, ocurre abajo: ya pueden luchar a muerte dos grandes ejércitos por causas sagradas, siempre será una minúscula bacteria pestífera la que acabará con los dos.

MILAN KUNDERA

Por otra parte, la paciencia es la capacidad de aceptar las cosas como son. Si estás en una larga fila y eres paciente, sólo permites que la fila avance como está avanzando, sin apresurarla mentalmente. No hay ansiedad ni frustración; simplemente es lo que es.

RICHARD CARLSON

Descubrimos que no podemos aferrarnos a nada. Desde nuestro punto de vista convencional, es una situación aterradora y peligrosa. Sin embargo, un pequeño cambio en la perspectiva nos dirá que no tener nada a lo que aferrarnos es liberador. Podemos tener fe en que no nos ahogaremos. No tener nada a lo que aferrarnos significa que podemos relajarnos en este mundo fluido y dinámico.

PEMA CHODRON

Qué es la alegría. La alegría es el desapego. La alegría no se halla ni recordando el pasado ni pensando en el futuro. La alegría hay que buscarla en el momento. Y en ese momento me siento mareado de alegría, sabiendo, incluso, mientras me siento, que también eso pasará.

MICK BROWN

Finalmente, perdona al mundo por no ser perfecto. Perdona al caos y a todo lo que parece ausencia de sentido. Sé consciente de que a pesar de las evidencias contrarias, Dios sabe lo que está haciendo. De algún modo, todo tiene sentido cuando no siempre podemos entenderlo.

RICHARD CARLSON

Para que el Flujo funcione uno tiene que creer en él. Uno tiene también que creer en lo correcto de lo que está haciendo, por sí mismo y por los demás. Y uno no debe esperar pasivamente a que le llegue, sino salir a encontrarlo. El Flujo es parte de la otra forma de vivir. Es archienemigo del miedo del cual surgen la ambición y la envidia. Experimentarlo es liberarse del miedo y la ansiedad.

PATRICK RIVERS

No es envejecer lo que amenaza la calidad de la vida; es dejar de participar con atención en todo lo que la vida nos ofrece, por viejos que seamos. No creo que exista lo que se llama una crisis de la mitad de la vida, o del final de la vida, solamente una crisis de toda la vida, despertamos y esa crisis generalmente ocurre porque no hemos prestado atención al acto de compartir una vida saboreada.

PAUL PEARSALL

Una sociedad no puede prosperar sin cierta sensación de compartir objetos. La actual búsqueda de desarrollo personal no fructificará. Si la única meta es alcanzar lo mejor para sí mismo, la vida se vuelve demasiado agotadora, demasiado solitaria: semejante enfoque conduce al fracaso. Por el contrario, todo el mundo necesita sentir que existe algo más: sólo con este pensamiento ya se está eliminando un poco de presión.

RICHARD LAYARD

BIBLIOGRAFÍA

Aubert, Nicol y Vincent Gaulejac, *El coste de la excelencia*, España, Paidós, 1993.

Bambarén, Sergio, *La playa de los sueños*, España, Brosmac, 2002.

Borghino, Mario, *El arte de hacer dinero*, México, Grijalbo, 2006.

Brown, Mick, *El turista espiritual*, España RBA Libros, 2001.

Camps, Victoria, *Virtudes públicas*, España, Espasa Calpe, 1990.

Carlson, Richard, *Lo que SÍ importa en la vida*, México, Santillana, Alamah, 2004.

Chodron, Pema, *Los lugares que te asustan*, España, Oniro, 2002.

Chu, Chin-Ning, *Hacer menos, conseguir más*, España, Plaza & Janés, 1999.

Cury, Augusto, *Revolucione su calidad de vida*, México, Grijalvo, 2005.

Ferguson, Marilyn, *La Conspiración de Acuario*, España, Biblioteca Fundamental Año Cero, 1994.

Ferrucci, Piero, *El poder de la bondad*, España, Urano, 2005.

Fierro, Julieta, *Extraterrestres vistos desde la ciencia*, México, Lectorum, 2000.

Finley, Guy y Ellen Dickstein, *El enemigo íntimo*, Estados Unidos, Lewellyn, 1997.

Goleman, Daniel, *La inteligencia emocional*, México, Vergara, 2000.

Kundera, Milan, *La ignorancia*, México, Tusquets, 2000.

Layard, Richard, *La felicidad*, México, Taurus, 2005.

Maurer, Robert, *El camino del KaiZen*, España, Vergara, 2006.

Pearsall, Paul, *El último libro de autoayuda que necesitará*, Colombia, Grupo Editorial Norma, 2006.

Poleo, Paulo, *El Alquimista*, México, Grijalbo, 2004.

Rivers, Patrick, *Vivir mejor con menos, sencillamente sin contaminar*, Santiago, Cuatro Vientos, 1995.

Rulfo, Juan, *Aire de las colinas*, México, Areté, 2000.

Sagan, Carl, *El mundo y sus demonios*, España, Planeta, 1997.

Sangharákshita, *El Budismo en Occidente*, España, Fundación Tres Joyas, 1993.

Santillo, Marco, *Entre el cielo y la tierra*, México, Life Quality Project México, A.C., 1999.

Savater, Fernando, *Despierta y lee*, Buenos Aires, Alfaguara, 1998.

Sharma, Robin, *El monje que vendió su Ferrari*, España, Plaza & Janés, 2002.

Susuki, Shunryu, Tarthang Turku y otros, *La atención y la vida laboral*, Buenos Aires, Estaciones, 1998.

Todorov, Tzvetan, *Frágil felicidad*, Gedisa, España, 1997.

Tolle, Eckhart, *El silencio habla*, Buenos Aires, Gaia Ediciones, 2003.

_____, *Una nueva tierra*, Colombia, Norma, 2005.

Estimado lector: si usted desea que el autor imparta
conferencias, talleres o cursos sobre el presente libro,
o de algún tema en particular,
por favor consulte la página web:

www.kalamas.org.mx

o escriba a:

budismokalamas@gmail.com

Gracias.

Esta obra se terminó de imprimir
en agosto de 2011, en los Talleres de

IREMA, S.A. de C.V.
Oculistas No. 43, Col. Sifón
09400, Iztapalapa, D.F.